中华先贤人物故事汇

庄子

李振峰 著

中华书局

图书在版编目（CIP）数据

庄子/李振峰著. —北京：中华书局，2022.11（2025.7重印）
（中华先贤人物故事汇）
ISBN 978-7-101-15717-8

Ⅰ.庄… Ⅱ.李… Ⅲ.庄周（约前369~前286）-生平事迹
Ⅳ.B223.5

中国版本图书馆 CIP 数据核字（2022）第 071256 号

书　名	庄子
著　者	李振峰
丛书名	中华先贤人物故事汇
责任编辑	董邦冠
美术总监	张　旺
封面绘画	纪保超
内文插图	顾梦迪
责任印制	管　斌
出版发行	中华书局
	（北京市丰台区太平桥西里 38 号　100073）
	http://www.zhbc.com.cn
	E-mail:zhbc@zhbc.com.cn
印　刷	三河市宏达印刷有限公司
版　次	2022 年 11 月第 1 版
	2025 年 7 月第 6 次印刷
规　格	开本/787×1092 毫米　1/32
	印张 5⅛　插页 2　字数 50 千字
印　数	13001-15000 册
国际书号	ISBN 978-7-101-15717-8
定　价	22.00 元

出版说明

孔子周游列国，创立儒家学说；张骞出使西域，开辟丝绸之路；书圣王羲之，留下了曲水流觞的佳话；诗仙李白，写下了"举头望明月，低头思故乡"的名篇；王安石为纠正时弊，推行变法；李时珍广集博采，躬亲实践，编撰医药学名著《本草纲目》……

这些杰出的历史人物，有的是在中华民族文明进程中做出过突出贡献、对后世产生过巨大影响的思想家、政治家，有的是对中华优秀传统文化的传承传播发挥过重大作用的文学家、艺术家、科学家，有的是为国家安定统一、民族融合团结和中外文化交流做出过杰出贡献的军事家、外交家……他们为中华民族的繁荣发展做出了伟大的贡献，他们的行为事迹、风范品格为当世楷模，并垂范后世。

他们是中华民族的先贤人物。他们的思想、品德、事迹，是中华优秀传统文化的结晶；他们的故事，是对中华民族的禀赋、特点和气质最生动、最鲜活的阐释；他们的名字，在五千年中华文明史上最为光彩夺目；他们为五千年中华文明史书写了最为光辉灿烂的篇章。

为了解先贤，走近先贤，我们精心组织编写了这套《中华先贤人物故事汇》丛书，以翔实可靠的史料为依据，细腻动人的故事为载体，真实地呈现中华先贤人物的事迹、品格和精神风貌，彰显他们的贡献和功绩，激发人们对国家民族的热爱，对中华文明、中华优秀传统文化的崇敬。

开卷有益，期待这套丛书成为你的良师益友。

目 录

导 读

庄子（约前369—前286），名周，战国时宋国蒙（今河南商丘）人，著名思想家、文学家。做过蒙地漆园（地名）的小吏，后终生不仕，无确定的职业，后世又称其为"漆园吏"或"漆园傲吏"。

庄子继承并发展了老子的思想，和老子同是道家学派的创始人，世称"老庄"。林语堂谓："庄子的举止庄严高雅，言语活泼坚实，思想主观深奥，而外观却又极其古怪。"又谓："老子以箴言表达，庄子以散文描述；老子凭直觉感受，庄子靠聪慧领悟；老子微笑待人，庄子狂笑处世；老子教人，庄子嘲人；老子说给心听，庄子直指心灵。"其说颇得庄子之风貌神韵。

庄子学问渊博，鄙视富贵，愤世嫉俗，主张自然无为，提倡齐万物、一死生，追求绝对的精神自由。庄子虽然一生穷困，经常穿着破衣和草鞋，但他并不以为意。其才华引起过楚威王的注意，楚威王派人请庄子入仕任相，但庄子不为所动，宁愿"曳尾于涂中"。他的好友惠施任相也并没有令庄子羡慕，他更喜欢与惠施进行辩论。庄子的个人追求已经超越了世俗中的各种价值判断，他的理想是"独与天地精神往来"，"乘天地之正，而御六气之辩，以游无穷"。这种理想正是逍遥于天地之间的一种境界。

庄子具有诗化的人生态度和澄澈的诗性智慧，其才性在《庄子》一书中有着淋漓尽致的显现。《庄子》流传下来的有三十三篇，包括《内篇》七篇，《外篇》十五篇，《杂篇》十一篇。庄子善于想象，善于用寓言表达他的思想。《庄子》不仅是哲学著作，也是"汪洋辟阖，仪态万方"的文学作品。

濠梁之游

　　庄子喜欢观水，也喜欢观鱼。水中的鱼儿和粼粼的波光，赋予了庄子生命无尽的诗意和浪漫的情怀。庄子的生命，从一开始就与水和鱼联系在一起了。

　　在今河南商丘东北，有一片很大的水域，宋人称之为蒙泽。庄子的出生地蒙邑就在蒙泽南十三里处，那里曾是宋国公子鲍（宋文公）的封地。蒙泽又名孟泽，是历代宋国国君的狩猎之地，向北大约七里，便是黄河的故道。向北大约十六里，汳水缓缓流过。从蒙泽再向北三十里，则是庄子经常垂钓的孟渚泽。每逢春天到来，蒙泽、孟渚泽宽阔的水面上，一群群春鸟在嬉闹，一群群游鱼在浅翔，一层层细浪在追逐，一丛丛芦苇在随风摇曳，水域周围草木丰茂，麋鹿成群。

一个人的精神世界，一方面与他生活的环境相通，另一方面也与他读过的书联系在一起，书籍可以让人超越有形的物质空间，而向无限的领域升腾。庄子的书读得极为宽泛，他读儒家的《诗》《书》《礼》《乐》《易》《春秋》，也读从楚国传入的《老子》，同时也不排斥齐国传入的《齐谐》这样的志怪书籍。在庄子的梦里，他的世界总是在无限地延伸。他知道，在蒙泽东方齐国的东面，是辽阔的大海。每当他合上一本名叫《齐谐》的书，总能梦到齐国东方的大海变成了南溟、北溟浩瀚无垠的水面，一条巨鱼变成了鲲鹏，它展翅欲飞，拍击水面，浪花飞溅三千余里，排云驭气，扶摇直上九万里，其翼若垂天之云。每当秋天来临的时节，百川灌河，黄河故道被秋水灌注，在汪洋氤氲的水汽里，他总能梦到一个叫河伯的神灵。庄子那些美丽的梦境，与蒙泽和孟渚泽相通，经过《齐谐》的点染，而变得无比瑰丽。

与水和鱼相伴的庄子本应当是快乐的，但这种

在庄子的梦里，他的世界总是在无限地延伸。他知道，在蒙泽东方齐国的东面，是辽阔的大海。每当他合上一本名叫《齐谐》的书，总能梦到齐国东方的大海变成了南溟、北溟浩瀚无垠的水面，一条巨鱼变成了鲲鹏，它展翅欲飞，拍击水面，浪花飞溅三千余里，排云驭气，扶摇直上九万里，其翼若垂天之云。

快乐却时常为俗务所羁绊。

战国时代的中原地区，气候普遍温润，川林湖泽遍布，有蒙泽、孟渚泽这样的大片湖水，还时不时可以见到大象的身影和片片的竹林，即便地处西北的秦国，冬季也曾经桃花盛放。在这样得天独厚的气候条件下，宋国国都商丘、睢阳一带漆树千亩，二十米高的漆树参天直指，处处设有漆园，取漆的工人在其中往来劳作，或攀援漆树对下调笑，或割树取漆挥刀不辍，白色的漆液顺着引流的竹筒流淌到蚌壳之中，渐渐变为黑褐色。工人将漆收集后，在其中倒入桐油，再加入各色的颜料，进行充分的搅拌融合，就有了各种不同颜色的漆。这些漆，被涂抹在木器、陶器上，或者勾勒出龙凤，或者勾勒出饕餮，或者勾勒出云雷，就有了灵动、鲜活的庙堂之上贵族的器皿。

宋国古属豫州，大禹时代指定给豫州的贡赋之一就是漆。到了庄子的时代，周天子形同虚设，宋国无须再向周王室缴纳贡赋，其地所产的漆，一方面用作宋国王室漆器之用，另一方面也成为商业发达的宋国通行各国珍稀的商品。按照周代礼制的规定，蒙城是内城外郭的格局。蒙城人口众多，需要专门的场地用来种植果蔬、树木、丝麻等物品，以满足日用。除去郊外的田野外，在蒙邑的城与郭之间还有大片的空地，被用作园圃，漆园也设在这里。漆是价值千金的商品，素有"百里千刀一斤漆"的说法，价格昂贵，因而具有重大的商业价值。也正因为这一点，当时宋国对漆园经营者课以重税，"二十而取五"，税率高达百分之二十五。漆园巨大的商业价值以及取漆、制漆、漆器过程的繁复性，迫使漆园的经营者不得不对其格外注意，聘用专门人员对之进行日常管理。

为了糊口，庄子在大约二十一岁时，担任了蒙城的漆园吏。漆园里高大的漆树，树木间透过的日光，林间飞翔的鸟儿，新鲜的空气，都让庄子感觉到惬意。自然滋养着他，自然浸润着他，让他体会到自由的快乐。漆树很高，与一种叫樗蒲的树无论是在高度、外形甚至叶片的形状都极为相像。樗蒲与园圃中的漆树不同，它生长在空旷无人的原野，粗大的根脉暴露于土地之上，树干臃肿不合乎匠人的绳墨，为匠人所不屑，但它不会遭受到斧斤的砍斫，行人休憩其下，还可以享受它巨大的阴凉。与樗蒲相比，漆树因为"有用"，却不得不被工人不断割伤，被贵人无尽索取。所以，看到漆树，庄子一方面为它的挺拔生出敬意，另一方面也有一种浓重的悲戚之感。的确，与樗蒲相比，漆树太不自由了。

庄子也很不自由。

在宋国，漆园的官吏是要进行"业绩考核"的，其"考核方式"比照秦国。据说在秦国，如果漆园管理不善，被评为下等，那么国家就要罚漆园的负责长官交纳一副铠甲，下属吏员各交纳一张盾牌，众工徒各交纳二十根穿甲绦带。如果漆园连续三年被评为下等，则罚负责长官交纳两副铠甲，并撤职不再叙用，至于下属吏员，则各交纳一副铠甲。这样繁琐的劳务，让庄子感到一种深深的羁绊。他出仕的年龄，与春秋时代鲁国的孔子相仿。孔子在二十岁时，做了鲁国季孙氏管仓库的小吏。与庄子不同，孔子并不以为苦，他觉得人总要"有所事事"，要刚健"有为"，这不单纯是为了糊口，也是为了实践他所理解的《周易》"天行健，君子以自强不息"的儒家训诫。然而，庄子的生命志趣与孔子迥异，他所理解的生命应该是"无为"，顺乎自然之理的生命。"无为"不是无所作为，而是不刻意，不强迫，不纠缠，外在的社会规则应该顺乎人本然的天性，否则人的生命就被异化了。因此，庄子对漆园吏这一官职感到深深的厌倦。

好在还有朋友。

惠子是宋人，是庄子一生中为数不多的可以对话的朋友。

庄子与惠子两人对世界、对国家、对政治的观点截然对立，经常相互讥讽、相互调侃，在机智的庄子面前，惠子往往被弄得狼狈不堪。惠子主张入世，庄子主张出世。惠子主张应当依据名实去区别万物，以建立法则和礼制；庄子则主张万物齐同，不应以区别的眼光去看待事物。惠子主张应当以入世的姿态去平息眼前的乱世，庄子却认为当时的天下已经处于不可治理的状态，天下多乱的原因正是因为"人为"的事情太多了，不如望峰息心窥谷忘反，重返"无为"的自然境界，如此则天下太平，老子"老死不相往来，鸡犬之声相闻"足为今人借鉴。惠子认为世间的事物应该名实相副，庄子却认为乾坤淆乱、名实相互背离的事情很多。

庄子曾经对惠子讲起过一件往事，以此来说明他对惠子所谓"名实"的看法。

庄子十四岁时，宋国国君宋桓侯从首都出发至蒙地巡游，未出城门，宋桓侯的随从人员追随其后护卫，沿途开道。宋桓侯授意随从人员，对道路上的行人大呼小叫，高声喝令"避让"。待到桓侯到达蒙邑后，即被蒙邑人截停下来，原因在于桓侯名"辟"，"辟"者"避"也，桓侯不顾自己的名讳，让随从沿途高呼"避让"，不仅严重违背了为君之礼，同时对国君自身也大为不祥。按照常理，为君者应该是人伦的表率、礼法的先行者，但宋桓侯却不识礼法，公然违背礼法，真是德不配位。在庄子的时代，类似的欺世盗名的事情正多，所以天下哪里有名实相符的事情呢？这种看法当然有激愤的成分，但激愤往往会促成信仰。当这种饱含激愤的信仰被一种通达的观念洗礼之后，就会转变为一种平和自然的心态，转而以一种超然世外的眼光去审视混乱的时代。

惠子并不赞同庄子的观点，从名家的观点看来，"名实不符"的现象固然存在，但是"正名"却可以纠正这一偏差。"正名"本是儒家的观点，其本意是要理顺社会的政治体系，让社会走上正轨。名家也正是遵循了这一点，并在以"名"（规则、法制）治国的思路上，与法家有相通之处。对此，庄子不过淡淡一笑。他认为，所谓的"正名"恰恰会催生更多的虚伪之事。有"名"的存在，让人懂得了如何去窃取"名"，并打着"名"的名义去行不义之事。随后，庄子讲了一个"儒以诗、礼发冢"的故事。

庄子说，有一大一小两个儒生去盗掘坟墓，在盗掘的过程中，大儒传话给墓中负责具体实施的小儒说："太阳出来了，事情怎么样了？"小儒说："裙子短袄还没有脱下，口中含有珠。"大儒说："古《诗》有言：青青的麦穗，生在陵陂上，生不施舍人，死了何必要含珠！抓着他的鬓发，按着他的胡须，你用铁锤敲他的下巴，慢慢地分开他的两颊，不要损伤了口中的珠子！"两位儒生在盗墓的过程中，引用儒家《诗经》中的诗句来为自己的盗墓行为做辩护。儒家自古以尊礼著称，但而今却以儒家经典行非礼之事，岂不可笑也哉？问题的关键不在于"正名"与否，而是天下只要有"名"的存在，那么"大伪"之事就不会断绝。老子说："大道废，有仁义；智慧出，有大伪。"老子真吾师也！庄子与惠子争辩得很厉害，谁也说服不了谁。但是，这并不妨碍两个人成为朋友。在一个举世皆浊的世界里，能够找到一个知识能力相仿、境界相仿的朋友何其不易！即便观点立场不同，但何妨相聚一处坐而论道。

依照自己"有为"的"名法之治"的理想，惠子做了魏惠文王的相国，施展了自己的一番才华，但不久纵横家张仪来到了齐国，他以三寸不烂之舌，让魏惠文王改弦更张，齐国最后将惠子礼送出境。无奈之下，惠子来到了楚国，希望在楚国谋得自己的一席之地。人患独居而无友，惠子在楚国的岁月是寂寞的，他失去了往日的权势荣光，也失去了一群可以在一起施展抱负的属官和朋友。

恰在此时，庄子从宋国到楚国来了。

庄子本是楚庄王的后裔子孙，其祖先因为楚庄王时代吴起变法废弃三代以上贵族后裔的爵禄，而被迫远迁至宋国蒙邑。在这样的意义上，庄子实际上与楚国有着千丝万缕的关系。在战国时代，士人的流动与迁徙是极为常见的，"朝秦暮楚"的事情屡屡发生，并不鲜见。庄子在三十二岁时辞去了为时十二年的漆园吏职务，此后庄子开始了时断时续的漫游生涯。四十七岁时，庄子漫游至楚国，见到了他的老朋友惠子。在庄子三十二岁至四十七岁之间，庄子也曾经数次见过惠子，但那时惠子正春风得意，心态与辞相之后截然不同。此时的惠子心境悲凉，踌躇间一筹莫展，因而两位老友相见，心中自然别是一番滋味。庄子不滞于物，心态通达，视功名利禄如粪土，倒是惠子得失挂怀，郁闷而不能自释。为了安慰这位分别已久的老友，庄子带着惠子一起去看水观鱼。水、鱼是庄子的至亲，他的家乡蒙泽、孟渚泽浸润了他的灵魂。老子谓"上善若水，水善利万物而不争"，《诗》言"鸢飞戾天，鱼跃于渊"，鸟有高飞，鱼有沉浮，世有升降，人有违时。水与鱼，是自然的馈赠，在自然中，人可以稍稍平抑一下躁动的心。于是，两个人来到了濠梁之上。

濠梁，就是濠水之上的桥梁。濠水，古水名，为淮河南岸支流，一名石梁河，在今安徽凤阳县境内，东北流至临淮关入淮河。据《临淮县志》记载"濠梁在城西南七里"，今镇胡府境内。在濠水桥上，清风徐来，两人看到了涣涣流淌的濠水，也看到了首尾相贯、成群出没的游鱼往来嬉戏。鱼是自由的象征，看到鱼儿自在穿梭的模样，庄子一脸钦羡，情不自禁地说："是鱼之乐也。"一方面这是庄子发自内心地在感叹，另一方面他也希望惠子能看看这些游鱼，暂时忘却营营俗事，与他一起体味一种久别了的自由。

但是，惠子似乎不解其中妙意。

惠子毕竟是名家，好辩的本性又发作了。他从万物有别的立场出发，认为人、鱼有别，人之乐鱼不能知，鱼之乐人如何能晓？发问道："子非鱼，安知鱼之乐？"庄子以子之矛攻子之盾，既然惠子强调万物有别，那么人与人也应当有别，惠子与庄子必然有别：庄子之心，惠子如何能知？庄子话锋一转，言道："你不是我，哪里知道我不知鱼之乐？"惠子则辩解说："我不是你，当然不会知道你，而你又不是鱼，你当然不知鱼之乐了，这不是明摆着的吗？"庄子说："让我们还是回到原来的问题上吧，你曾说：'你怎么知道鱼之乐'，这是你既已知道我知鱼之乐而又问我啊——至于我，我是在濠水之上知道鱼之乐的。"

庄子从惠子"安知鱼之乐"一语出发，推理出惠子已经承认了庄子"知鱼之乐"的事实。这一事实既然已经存在，那么惠子问题的重点就从"是否知鱼之乐"，转为了"安"知鱼之乐，"安"字成了辩论的核心内容。实际上，作为疑问词，"安"有两种解释：

一种是：怎么？

比如"燕雀安知鸿鹄之志哉"，翻译过来就是：燕子和麻雀怎么可能知道鸿鹄的志向呢？

一种是：哪里？

比如"皮之不存，毛将安附"，翻译过来就是：皮都没有了，毛又能附着在哪里呢？

那么，"子非鱼，安知鱼之乐"，应该怎么理解？

很显然，惠子是按照第一种意思来询问庄子的，而庄子却是按照第二种意思来回答惠子的。无疑，庄子这是典型的诡辩，是典型的偷换概念。

庄子所说"出游从容，是鱼之乐也"云云，不过是因为自己当时比较快乐悠闲，因而觉得鱼儿也很快乐悠闲。在美学上，庄子的这种审美行为，人们称之为移情或"有我之境"。所谓移情，就是人类将自己的情感移植给对象。所谓"有我之境"，就是在审美过程中融入了个人鲜明的情感表现。因而，庄子的"知鱼之乐"是一种典型的审美心态，它与惠子理性刻板的辩论性格，根本不在一条线上。

濠梁之辩的主题是水和鱼，一方面它联系的是庄子和惠子两个有趣的灵魂，另一方面它也将宋国的蒙泽和濠水联系在一起。没有水和鱼的庄子的世界，是不可想象的。水和鱼，栖息在庄子精神世界的深处。

枯鱼之肆

庄子的家乡蒙邑，离黄河不远。

黄河流经商丘时，以其磅礴的大浪、奔涌的雷鸣和漫天的水汽，给庄子留下过深刻的印象。宋国的雨水，以春秋两季为多，每逢阴雨连绵，河水暴涨，黄河便如脱缰的野马，背离故道，四流横溢，"一碗水，半碗沙"，所过之处，泥沙堆积，摧毁城郭，淹天没地，庄稼颗粒无收，人或为鱼鳖。在庄子的眼里，黄河像一条天上而来的充满动感的巨龙，与之相比，家乡的蒙泽更像一位端庄、娴雅、静美的处子。

为了预防黄河的水患，同时也为了加固黄河两岸的河堤，宋国专门设置了黄河的守官——"监河侯"。

监河侯虽然称"侯",但实际并不是真正的侯爵。人们之所以称其为"监河侯",一则是表明对其职责的重视,二则多少带有一些调侃的成分,名为"侯",实则不是"侯"。究其实,其官职当然远高于庄子所任的漆园吏,却远远没有到达"侯"的高度,然而监河侯有自己的封邑。

这是宋国一年秋天的雨季,又到了黄河的汛期,依照惯例,监河侯在黄河岸边巡视。此时,他看到了蹲坐岸边,身披蓑衣、执竿而钓的庄子。

监河侯远远道:"庄周,蒙泽的鱼还不够你钓吗?如今正值汛期,黄河水道不知道什么时候就要改变,如果巨浪旁逸河道奔涌而出,你还有命吗?这样危险的时候,你怎么还敢到这里来钓鱼?"

庄子应声道:"原来是监河侯!庄周之所以到此垂钓,实因蒙泽水域狭小,鱼小不堪为用;黄河水域广大,时逢巨鱼,或可取之为利,以贴补我庄周的家用啊!"

监河侯笑道:"宋国境内,黄河水上,常有舟楫往来，撒网捕鱼，所捕之鱼，较蒙泽之鱼的确大了一些。但是，至于你所说的‘巨鱼’，倒是闻所未闻。再则，即便是‘巨鱼’，其价值又能几何？我宋国境内高门显贵，无不是‘肉食者’，鱼不过是百姓的日常食用。既然达官显贵食鱼者少，那么你钓到的鱼还能待价而沽吗？”

庄子道：“您知道我所谓的‘巨鱼’有多大吗？”

监河侯道：“愿闻其详！”

监河侯从远处渐渐走向庄子，庄子也放下手中的鱼竿，起身迎接他。雨还在不停地下，两人的蓑衣不断地有雨水滴落。监河侯的随从，已经越过他和庄子，继续沿着河岸巡视去了。偌大的天地中，一片静谧，只有两个人在交谈。

庄子从容道：“庄周愿意用一个故事，来说明我所谓的巨鱼究竟为何。

“古代任国有一位国君之子，人称任公子，此人胸怀大志，为人宽厚，风流潇洒。

“有一天，任公子做了一个硕大无朋的鱼钩，他用碗口粗的黑绳子把鱼钩系牢，然后用五十头犍牛做鱼饵，挂在鱼钩上去钓鱼。

"任公子蹲在高高的会稽山上，他把钓钩甩进宽广的东海里。一天天过去了，鱼钩始终不见动静，任公子不急不躁，一心只等大鱼上钩。一个月过去了，又一个月过去了，鱼钩仍然毫无动静，但任公子依然不慌不忙，十分耐心地等待着大鱼上钩。一年过去了，任公子也没有钓到一条鱼，可他还是毫不气馁地蹲在会稽山上，任凭风吹雨打，信心依旧。

"又过了一段时间，突然有一天，一条大鱼游了过来，一口吞下了钓饵。这条大鱼牵着鱼钩一头沉入水底，挣扎间疼得狂跳乱奔，一会儿钻出水面，一会儿沉入水底。只见海面上掀起了一阵阵巨浪，如同白色的山峰，海水摇撼震荡，啸声如排山倒海。大鱼发出的惊叫如鬼哭狼嚎，那巨大的威势让千里之外的人听了都心惊肉跳、惶恐不安。

"任公子最后终于征服了这条筋疲力尽的大鱼，他将这条鱼剖开，切成块，然后晒成鱼干。任公子把这些鱼干分给大家共享，从浙江以东到苍梧以北一带的人，全都品尝过任公子用这条大鱼制作

又过了一段时间，突然有一天，一条大鱼游了过来，一口吞下了钓饵。这条大鱼牵着鱼钩一头沉入水底，挣扎间疼得狂跳乱奔，一会儿钻出水面，一会儿沉入水底。只见海面上掀起一排排巨浪，如同白色的山峰，海水摇撼震荡，啸声如排山倒海。大鱼发出的惊叫如鬼哭狼嚎，那巨大的威势让千里之外的人听了都心惊肉跳、惶恐不安。

的鱼干。"

这厢庄子的描述惟妙惟肖，手舞足蹈，极尽夸张之能事。那厢监河侯却不禁冷汗涔涔，暗自战栗：天下哪里有用五十头牛做成的鱼饵？钓鱼哪里有钓一年时间的？鱼怎么能掀起山峰一样的波涛？鱼的惊叫怎么会有鬼哭狼嚎一样的声音？鱼究竟有多大，肉究竟有多少，竟然可以让从浙江以东到苍梧以北的人都能吃饱？

监河侯从来没有听闻过这样的故事，他的内心里也从未呈现过如此巨大、无限的形象。在庄子的描述里，监河侯几乎是身临其境地参与了任公子钓鱼的过程，他完全被一种他从未见到过的景象震慑住了，双目紧盯着庄子，像被催眠了一样，沉浸在故事的场景中。

过了好一会，监河侯才缓过神来，神情中带着回味之色，赞叹道："壮哉！任公子之鱼，何其巨也！夫子欲钓之鱼，难道也是如此吗？"

庄子微微一笑道："正是。"

监河侯一脸不屑，略带嘲讽道："我知夫子家贫，何处而得五十牛为饵？"

庄子缓缓答道："何必用牛？天下贪婪之辈正多，何妨以之为饵？"

监河侯暗服庄子的机敏过人，心中一惊，同时脸上流露出惭愧之色。

监河侯道："夫子给我讲了一个好故事。听过夫子的故事后，内心深感受教。

"当今天下昏乱，我不能似夫子般'众人皆浊而我独清'，不过与世浮沉，忝居官位，饱食终日。我小有贪腐，夫子和众人都知道，然而自居官以来，尚未做过大恶之事，内心还可以小有安慰。人人都称我'监河侯'，讽刺之意，我怎能不知？夫子'贪饵'之言，意在于此，我深感惭愧。

"我虽然每日衣食无忧，但是也因之生出怠惰，又因怠惰而常感精神萎靡不振，这可能就是所说的'富贵病'吧？当然，这也可能是上天对我贪婪的一种惩罚。但是，在听过您讲的故事以后，内心的污浊、萎靡，似乎被一种崇高的东西荡涤殆尽，瞬间恢复了从前的活力。"

庄子感到很惊异，自己一番愤世嫉俗之语，却换来了一个人袒露心胸的赤诚之言。他虽然素来鄙视监河侯的为人，但此时却不得不对他刮目相看了，朗声道："天道原本非常广大，无所不包。人生天地间，原本是天道的见证者和体验者。但是，人因为自身的贪欲、自私，逐渐抹去了自身天道的印记，让自己逐渐变得偏狭，生命的境界越来越狭小。天道与元气共生，道之所存，气之所存。一个人逐渐远离广大的天道的过程，就是逐渐告别元气和生命的过程。

"我方才所言任公子之巨鱼，若以天道的眼光视之，实为平常；然而若以俗世的眼光看待，则有惊世骇俗之感。任公子的巨鱼是无限的，天道也是无限的，巨鱼就是天道的象征啊！监河侯你感觉自己被巨鱼震撼，实则是被天道震撼；感觉自己被宏大的场面治愈，实则是被天道治愈。监河侯真是可同与悟道之人！"

听到庄周的话，监河侯连忙摆手。

"夫子不要拿我开玩笑了，我不过是俗人一个，刚才所说的，是自己内心的真实所感。至于说同与悟道，夫子实际看错了人。我这个小小的监河侯，可拿不出您那不事王侯的架势来，鄙人还要混口饭吃啊！但是，我真心地想和您交个朋友。"

庄子默默点了点头。

庄子、监河侯二人没有成为"可同与悟道"的朋友，在精神世界上，他们的喜怒哀乐并不相通。但是，监河侯从内心里已经把庄子当成一个"世俗朋友"了，他并不想成为庄子那样的人，然而他却喜欢与这样的人交往。在庄子的身上，他看不到官场的虚伪、狡诈、贪婪、倾轧，庄子烂漫的精神世界充满了真诚、无伪，活得自然。对于这样的人，监河侯从内心亲近他，敬重他。他叮嘱庄子，以后遇到生活方面的困难，可以随时来找他，不必冒着危险在汛期去黄河钓鱼。

庄子当然不会轻易去找监河侯。虽然监河侯的话说得很真诚，但是自己绝不会为了衣食而随便舍弃自己的尊严，因为这与他追求逍遥的人生境界不符。人生归有道，衣食固其端。庄子觉得，衣食当然是必要的，但只要衣食能维持自己的生存，便不需要去蝇营狗苟，折节就范，苟图衣食。舍去衣食的过度享受，换取精神世界的自由，这是他的理想境界。为此，他曾经数次拒绝监河侯的好意，闹得监河侯很不愉快。

但是，凡事总有例外。

这一次，庄子的家里的确是揭不开锅了：家徒四壁，锅无余米，妻子面有菜色，儿子嗷嗷待哺，自己形销骨立。自从他辞去漆园吏一职后，家中收入锐减，虽然他每日里钓鱼、打草鞋，可以略微贴补家用，聊可度日。但是，今天家中所有的资财都已耗尽，已经到了无法可想的地步。

怎么办呢？

看来，只能去找监河侯借米度过暂时的饥荒了。

监河侯家离庄子家路途不近，次日庄子才来到监河侯家。庄子抬眼观瞧，但见鳞次栉比，高门大院，童仆成群，妻妾珠光宝气，衣着都是绸缎绫罗，数不尽的奇花异草，园内尽是珍禽，池内皆是水族名鱼。监河侯高接远迎，将庄子迎至院内，周围的妻妾和童仆都用异样的眼光打量着庄子。

监河侯和庄子分宾主落座。

监河侯道："往日闲暇，我盛情邀请，夫子都不肯前来，今日屈尊驾临，不知所为何事？"

庄子起身拱手道："监河侯，实不相瞒，庄周此次前来，实因家中有断炊之忧！尚祈监河侯借贷一些米粮，解决庄周一家老小的衣食之急啊！"

闻听此言，监河侯心中暗笑：这个高傲的庄周啊！以前我主动接济你，你不肯接受。现在遇到了困难，却主动寻上门来借贷。看我好好戏弄你一番，让你也改改那高傲的脾气。

念及于此，监河侯说："没问题。但是，休要谈什么借粮。等我收了我的封地的税金，就借给你三百金，岂不是更好？"

庄子是在情急之下，不得已才来求助监河侯的。在他的印象里，按照监河侯的财力，莫说借几升粟米，便是借半廪仓米又有何难？再说，按照以前监河侯对自己的承诺，今天借几升米，他应该答应得很痛快才对。莫非，自己认错了人，这监河侯原本就是一个吝啬鬼？

庄子此次借贷，原本志在必得，不想却碰了个软钉子，内心自是生出几分愤怒。但是，碍于往日的情面，他又不好直言斥责。于是，庄子又恢复了他"讲故事"的本色。

庄子一脸不悦，忿然作色道："我昨天在来的路上，半路上听到有一个声音在呼唤我：'庄周！庄周！救命！救命！'声音甚是凄惨可怜。我回头看，只见在路上旱地车轮碾压的车辙里，有一条鲫鱼，正在奋力摆尾。我问他说：'鲫鱼呀！你为什么不呆在水里，来到这干旱的车辙里做什么呢？'鲫鱼回答说：'我本是东海的水官，一次飓风刮过海面，形成了水龙卷，东海水族随飓风升腾，随后散落各地，我不幸最后落在这干旱的车辙里。庄周啊！我求求你，哪怕你能弄来一斗或一升的水救救我吧！我对你感恩不尽。'我说：'没问题！我恰好要周游天下，等我游历了广大的吴越之地，我请求楚王，溃决长江、淮河，引其水修建一条水渠，横贯三千里，引浩瀚的江水来营救你，岂不美哉？'鲫鱼愤怒地说：'现在的情况是：我失去了水，没有容身之处，只要得到一盆或一瓮的水，就可以活命。你却竟然说要请求楚王修建一条水渠，溃决长江、淮河，引水三千余里来救我。如果真的让我等到那个时候，我看你就要到卖鱼干的市场来找我了！'我现在是因为断炊，到你这里来借粮，你却说等到收了税金之后，再给我三百金。到那个时候，即使监河侯你能马上履行承诺，恐怕你也得到佣工市场去找我了！"

庄子不愧是讲寓言的高手，他一会儿学鱼的摆尾将死之状，一会儿做持瓮灌水之态，惟妙惟肖的样子，绝不输于那天他给监河侯讲述巨鱼故事的表情。此刻的庄子，像一个演员，更像一个讽刺大师。

监河侯听得有趣，心中暗想：鱼需要斗升之水，庄子需要斗升之粟；我说等收了税金之后给他三百金，他说等南游吴越之后给鱼三千里江水……这完全是对号入座、骂人不露脏字的路数啊！

监河侯听完庄周的故事，看到庄子愤怒的模样，不禁抚掌大笑，眼里都笑出了泪水：

"夫子，方才戏言耳！我实念夫子平日高傲，不肯接受我之好意，今故试之，欲挫夫子锐气耳！不想，反被夫子所挫。夫子讲的故事真好！"

剧情突转，庄子毫无准备，一时语塞。

监河侯走上前来，手抚庄子之手笑道："路途遥远，夫子身负米粮，长路必苦。且容我差遣僮仆，夫子所需米粮不日送到。今日玩笑，夫子勿以为意。我虽然不能与夫子神交，但家中不缺斗升米粮，又何至于浅陋至此而成为吝啬鬼呢？”

庄子听到监河侯的话，也不觉哑然失笑，自己刚才的一番愤怒，现在看竟然全无着落。

曳尾泥涂

庄子很穷，但是他不愿意做官。

然而，偏偏有两个人以为他很喜欢做官。

这两个人，一个是魏国的国君魏惠王，一个是楚国的国君楚威王。

第一个认为庄子想做官的人，是魏惠王。

让魏惠王有这样想法的，其实是那个时代。

战国时代，诸侯争霸，各国之间互相攻伐，打得不可开交。魏国自"三家分晋"走上历史舞台后，魏文侯在战国诸国中是第一个开始推行变法的君主：他用翟璜为相，改革弊政；用乐羊为将，攻掠中山国；以李悝变法，教授法经，依法治国。由此，魏国呈现出蒸蒸日上的旺盛生机，成为战国初期的第一强国。但是，魏国霸权盛极而衰，及至魏惠王即位，连遭三次败仗：

公元前354年，魏国与齐国在桂陵大战，魏将庞涓被生擒，魏国大败。

公元前343年，魏国与齐国在马陵大战，魏将庞涓兵败自杀，魏太子申被俘。

公元前332年，魏国与秦国在河西一带大战，魏军被全歼。

随着桂陵之战、马陵之战不敌齐国，河西之战不敌秦国，魏国从霸权的神坛跌落，失去了往日的荣光。魏惠王不愧雄主，开始重整旗鼓，招贤纳士，邹衍、孟子、淳于髡等贤才陆续到达魏国首都大梁。马陵之战之后的魏国虽仍有实力，但面临着齐、秦、楚三强包围，一直如坐针毡。魏惠王怨恨齐国杀子之恨，意欲报仇，四处寻找治国的良方。在召见孟子的时候，魏惠王说："寡人对于国家，可以说尽心尽力了，但为何魏国却兵挫地削？"孟子在对魏惠王讲了一大段"以仁政治国"的理论后，魏惠王却"顾左右而言他"。魏惠王需要快速见效的富国强兵之策，对儒家迂阔烦冗的理论并不十分感兴趣。

庄子三十五岁时，他的朋友惠子在魏国开始了风生水起的日子。

惠施为魏国立法，魏王和民人称善；魏惠王甚至表演性地要让位给惠子，惠子也礼貌性地拒绝了。在国政安定后，魏惠王召见惠子，声称要举全国之力伐齐。魏惠王说："那齐国，是寡人的仇敌，兵败的屈辱至死不忘，我们魏国虽然不大，但我常想举全国之兵攻打齐国以报家仇国恨，您看可以吗？"

惠子坚决反对，献出一计。惠施道："不可。我听说，称王者能守住法度，称霸者要懂得计谋。现在大王告诉我的，疏远了法度和计谋。大王本来先怨恨赵国，然后又同齐国作战。现在仗没打胜，国家没有守卫作战的后备，大王又要调全部兵力进攻齐国，这是我所不能赞同的。大王如果想报复齐国，您不如穿上布衣，向齐王表示臣服，并朝见齐王。楚王见到齐国做大，必然大怒。大王您再派人挑拨齐、楚之间的关系，引发齐楚战争。休整多年的楚国必然能战胜刚刚战罢的齐国。这就收到了

'以楚毁齐'的目的。"

魏惠王连连称善。

惠子的谋略是有效的，公元前334年，齐威王和魏惠王在徐州相互尊称对方为王，史称"徐州相王"，二者皆大欢喜，都有了"王"的名号。但是此举引起了楚威王熊商的不满。公元前333年，楚威王亲率大军伐齐，并打败了强大的齐国。"驱楚吞齐"之计最终实现了。魏惠王由此对惠子更是倚仗，对其言听计从。由此，惠子在魏国的地位日益显赫，一人之下，万人之上。

惠子的大名在各国之间流传，成为当时万千知识分子的偶像。一时间，效法惠子，到魏国毛遂自荐的人竟不在少数。魏惠王作为一国之君——一个"渴慕人才"的国君，每天总要接见无数的自荐者。开始，魏惠王还能拿出一副折节下士的模样，亲自从朝堂上走下来与自荐者寒暄，但时间一长，他逐渐发现有真才实学者少，谋取衣食的人居多，因而他也逐渐地就产生了"审美疲劳"，对来求职的人不正眼相看了。

庄子似乎没有像其他人一样去效法惠子，他不情愿。否则，"于学无所不窥"，各种学问兼通的庄子，怎么会甘心做一个小小的漆园吏呢？并非庄子不能，而是庄子不为。

然而，漆园的工作是枯燥的，也是寂寞的。最难堪的是，庄子找不到对话的对象。试想，一个饱学之士对着满园的低级工匠谈什么呢？谈日常家庭琐事吗？说一说商丘的街谈巷语吗？即便谈了，也无异于对牛弹琴。

当然，还有书读。

然而，庄子一直认为，书上的文字不过古人言论的糟粕，真正的精华是可意会而不可言传的。庄子自己打过一个比方，他说孔子、孟子、墨子等人言论，都是"道"的产物，"道"就像父亲，诸子的学说就像"儿子"，"儿子"当然遗传了"父亲"的长相，得到了"道"的一个方面。但是，"儿子"毕竟不是"父亲"，不可能在各个方面与"父亲"一致，诸子的学说不是"道"的全体，是不完全的，是有缺陷的。

庄子觉得，在诸子的学说没有产生之前，"道"是完整的，但是等到诸子的学说产生之后，

"道"就被分割了。如今的时代，是一个"道术为天下裂"的时代，人们凭借"道"的某一方面衍生出来的学说（或者是儒家，或者是墨家，或者是法家），想把天下治理好，实在无异于痴人说梦。治理的结果，只能是越治越乱。

那么，用"道"去治理天下不可以吗？

问题是，在一个讲求实际、急功近利的时代里，谁愿意去接受玄而又玄的"道"呢？

所以，庄子不做官。

在他翻阅过的前人的著作里，只有《老子》接近于道。庄子认为，除了《老子》可以与自己对话之外，其他的书籍完全不值一提。然而可惜的是，《老子》始终对政治保持着巨大的关注，与自己不关心政治的性格、重视个人精神世界的志趣，还有相当的距离。

寂寞的时候，庄子常常想起惠子。

惠子与庄子的主张当然也不同，但他的确是一个可爱的朋友。惠子深刻、固执、偏激、善辩，与他谈话，总是可以激发人向学问的更深层次探寻。与他谈话，原来晦暗不明的答案，可以一步一步被辨明；原来糊涂的逻辑，可以一点一点被理清。三日不见惠子，庄子便会觉得唇舌间索然寡味。

于是，他想去见一见惠子了。

庄子打理了漆园的各项杂事，向长官告假，从商丘起身到大梁去。

从商丘到大梁，也就是二三百里的距离，路程并不算远。时间，大约是在公元前334年前后。过了"而立之年"的庄子，来到他的老同乡惠施相爷那里做客。

惠子许久不见庄子，因而对庄子格外亲切。此时的惠子，不再是当年在宋国时的穷酸模样，而是体态雍容、衣着光鲜。相比之下，庄子却穿着粗布衣服，显露出贫寒之相。然而，惠子深知自己这位老朋友的品性，庄子以万物为虚无，更不把寻常富贵放在眼中。庄子的脸上，毫无艳羡之色，而是带着老友相逢的真挚的喜悦。寒暄之间，宴席已经准备停当，庄子和惠子分宾主落座。

"不知庄周兄此次远赴魏国，为何而来啊？"

"没有其他的事情！我不过是身旁无友，许久不见惠施兄，唇舌也好久没有活动了。拜访故人而已！"

"真的没有其他的事情？"

惠施脸上掠过一丝调侃的笑容。

"真的没有其他的事情。"庄子答道。

"魏王今方招纳天下贤士，庄周兄肯牛刀小试否？"

"大可不必。惠施兄知我，庄周岂是求官之人啊！"庄子连连摆手。

"也罢！你我二人只饮酒，论学问，不谈其他。"

二人痛饮。

庄子来到魏国相府的消息，传到了魏惠王的耳朵里。惠施是自己的宠臣，惠施的朋友自然不能等闲视之，没准那个庄子是依附惠施，为求官而来。如此，得卖一个面子给惠施，以慰贤相之心。更何况，相国所交之人，也必非等闲之辈，如若纳入魏国麾下，岂不是美事一件？

第二天，魏惠王的使者来到了惠子的相府，传达了国君传召庄子的旨意。庄子无意于见魏王，但碍于惠子的脸面，他只能被迫前往。惠子家里，衣裳都是华服，他请庄子换装后再去见魏王，但被庄子拒绝了。

那天，庄子穿着一件补了破洞的粗布衣服，脚上的鞋子也破了，用麻绳绑着，去见魏惠王。

魏惠王见庄子形容憔悴，衣衫褴褛，毫无士人应有的端庄之态，不禁脸露鄙夷之色，故作诧异地问："先生！你怎么困顿潦倒到如此地步啊？"

面对傲慢的魏惠王，庄子回答："我这是贫穷啊，并不是困顿潦倒。读书人胸怀道德理想却不能实行，这才叫困顿潦倒呢！衣裳破旧，鞋子残破，这是贫穷，而并非困顿，也不是潦倒。这就是所说的生非其时啊！

"你没发现擅长跳跃的猿猴吗？当它遇上楠、梓、橡、樟这些高大的乔木，便可以攀援树枝，纵横如意地奔跃其间，而称王称长，即使善射的后羿、蓬蒙也拿它没有办法；可是，如果它穿行在柘、棘、枳、枸这类纠结多刺的灌木丛中，就只能行动谨慎，左顾右盼，战栗不已。这并不是筋骨受了束缚而不灵活，而是处势不利、无法施展它的才能啊！

"现在，处于主昏于上、臣乱于下的时代，怀道抱德，不能见用，只能潜藏踪迹，趋利避害，明哲保身，想要不潦倒、不困顿，怎能做得到呢？古代的比干，忠心耿耿，却遭受到剖心挖腹，就是一个明证啊！"

几句话下来，魏惠王变成了桀、纣。

结果，可想而知。

回到相府，庄子对惠子讲了见惠王的过程，惠子捧腹大笑："若非如此，岂是庄周！"庄子又大笑。

几日后，庄子在魏国尽兴而返。

第二个认为庄子想做官的人，是楚威王。

前番说到惠子向魏惠王献"以楚毁齐"之计，楚国果然中计，楚威王亲率大军伐齐，打败了强大的齐国。

这一年，楚威王刚刚登基。

此后，楚威王不禁沾沾自喜，自认为国势蒸蒸日上，更自诩为明君圣主。他听说庄子学问精深，天下没有他不通晓的知识，在治国之道方面，可能给自己很多教诲。而且，在魏国的密探告诉楚威王庄子曾经到魏国面见魏惠王求官，但不知为何被魏惠王拒绝。楚威王认为，魏国拒绝庄子，恰恰给了自己一个机会。另外据传闻，庄子是楚国先君楚庄王后裔，与自己同宗同源。于是，楚威王想请庄子出山为楚国做事，就派使者前去请庄子出山为相。

两位使者赶到的时候，庄子正在濮水边钓鱼。

两位使者带着满车的金玉宝货，来到庄子身前，对庄子一揖到地。

其中一人道："小人是楚国使者，我们大王听说先生是大贤之才，想拜先生为相，共谋天下霸业。我们大王知先生高贤，为表诚意，特差遣小人先行，奉献礼物以表尊敬之意。我们大王求才若渴，不知先生意下如何？"

庄子手执钓竿，连头都没有回一下，脸色沉静得像濮水的水面。

庄子缓缓道："二位使者，我听说楚国有只神龟，已经死了三千年了，国王把它盛在竹盒里用布巾包着，藏在庙堂之上。请问，这只龟是宁可死了留下一把骨头让人供奉呢？还是愿意活着拖着尾巴在泥巴里爬呢？"

庄子缓缓道："二位使者，我听说楚国有只神龟，已经死了三千年了，国王把它盛在竹盒里用布巾包着，藏在庙堂之上。请问，这只龟是宁可死了留下一把骨头让人供奉呢？还是愿意活着拖着尾巴在泥巴里爬呢？"

两位使者脸上讪笑道："先生玩笑了！万物莫不求生，死而尊荣又有何用？神龟当然还是愿意活着拖着尾巴在泥巴里爬啊！"

两位使者脸上讪笑道："先生玩笑了！万物莫不求生，死而尊荣又有何用？神龟当然还是愿意活着拖着尾巴在泥巴里爬啊。"

庄子哈哈大笑，转身道："千金，的确是厚礼；卿相，的确是尊贵的高位。但是二位难道没见过祭祀天地用的牛吗？用上等饲料喂养它好几年，每天吃着鲜草和大豆，给它披上带有花纹的绸缎衣服。宰杀前，官员会十天持戒，三天吃斋，并对他说：'牛啊牛！你死后，身子下面会铺上洁白的茅草，前肩和后腿会被庄重地放在名贵的盘子里，上面还雕着花，可以做收藏品的，你看怎么样？'牛不说话。我想问二位使者，等到官员把它牵进太庙去当祭品，在这个时候，它即使想做一头孤独的小牛，难道能办得到吗？

"我听说，上古时代尧准备禅让帝位给许由，许由听后，就去颍水边洗耳朵。这时恰好他的朋友巢父牵着牛来饮水，见许由洗耳就问他缘故。许由说：'尧想召我为九州长，我讨厌听这种话，所以来这里洗耳朵。'巢父说：'你如果隐居在高山深谷中，不与人世来往，谁还能找到你？这都是因为你轻浮游荡，想博取好名声的结果。别因为你，脏了我的牛的嘴！'说着就把牛牵到上流去饮水了。二位看，我和许由像吗？请二位使者赶快离去，不要玷污了我的耳朵。我宁愿像楚国的神龟那样拖着尾巴在泥水中爬行，也不愿被楚国国君所束缚。简单说吧！我终身不想做官，只想让自己的内心愉快。"

庄子的一番话，再无余地。

楚国的两位使者面面相觑，只好对庄子再拜行礼，道："先生的话我们已洗耳恭听了，我们这就回去将先生的话转告给我国的大王，谨向先生辞行。"

庄子继续钓鱼。

无用之用

可能是因为与庄子相处的时间太长了，在讲道理时，惠子也开始喜欢讲故事、打比方。眼看着惠子在魏王面前得到的恩宠日甚一日，有人便嫉妒了起来。

他们之中有人到魏王面前进谗言说："惠施说话爱用比喻，假使不让他用比喻，他就什么事情都说不清楚。"

第二天，魏王看见惠子说："惠相！请你以后说话直截了当，不要再用什么比喻了。"

惠子说："现在有个人不知道'弹'是怎样一种东西，如果他问你：'弹'的形状是怎样的？而你告诉他：'弹'的形状就像'弹'。他能听得明白吗？"

魏王摇摇头："听不明白。"

"对呀！"惠子说，"如果告诉他：'弹'的形状像把弓，它的弦用竹子做成，是一种弹射工具。他听得明白吗？"

魏王点点头："可以明白。"

惠子说："所以，比喻的作用，就是用别人已经知道的事物来启发他，使他易于了解还不知道的事物。现在，大王您让我不用比喻，那怎么能行呢？"

魏王想了想说："惠相说得很对。"

惠子说："臣下在大王身边已经很长时间了，我受到大王的宠信也已经不是一天了，所以难免引起一些人的嫉妒。但是，如果大王您也不理解臣下，臣下只能向大王请辞了！"

魏王大窘，连声道："贤相万万不要离寡人而去，确实有些小人在我面前说起您的坏话，寡人一时轻信，还请贤相不要介意。"说罢，魏王向惠子深施一礼，惠子急忙还礼，君臣二人和好如初。

为了安慰惠子，魏王赐给他一种独特的大葫芦籽，据说可以结出五石的大葫芦，世间罕见。**魏王**命一名园艺官员在惠子的相府内开辟了一块长五尺、宽四尺的方坑，将大量的粪肥与坑内的土壤搅拌平整，然后在其上播种葫芦籽。等到葫芦长出来以后，选取其中四棵茁壮的保留下来，其余全部铲除。剩余的四棵葫芦每两棵一组，将其中一组用竹片刮去两棵葫芦的外皮，再用细布条将二者外皮的破处缠绕、嫁接在一起，另外一组也如法炮制。两组经过嫁接的葫芦成活，各自长成两棵大葫芦秧。此时，再取两棵大葫芦秧将其嫁接在一起，去掉其中一棵大秧的葫芦花而保留另外一朵。经过如上的操作，就等于用四棵葫芦的养料供养一棵葫芦。秋天到来的时候，惠子院内的葫芦藤上，真的结出了一个五石的大葫芦，惠子看后连连称奇。

庄子与惠子是老友，也是论敌，二人每隔一段时间不见，便彼此相互思念。惠子公务繁忙，一般无暇到宋国看庄子，而庄子自辞去漆园吏后，便像候鸟一样，每年的秋天一定会到魏国的大梁城来看惠子。五石大的葫芦长成的秋天，庄子恰好在惠子的相府。

惠子知道庄子一生好奇，于是便牵着他的手到院内看那个奇异的大葫芦。现在，那个大葫芦寂寞地被放在一个角落里。

惠子对庄子说："国王赐给我大葫芦种子，我种在院内，结了个大葫芦。匠人想加工成容器，容量五大斗。用来盛水盛浆，担心容器薄，不坚固，容易破碎。纵剖成瓢，仍嫌太大，因为舀水、舀酒、舀汤都用不着那么大。能说这大葫芦不够大吗？不能。可是大而无用，空空然枉自长了这么大！"

惠子知道庄子一生好奇，于是便牵着他的手到院内看那个奇异的大葫芦。

现在，那个大葫芦寂寞地被放在一个角落里。

惠子对庄子说：

"国王赐给我大葫芦种子。我种在院内，结了个大葫芦。匠人想加工成容器，容量五大斗。用来盛水盛浆，担心容器薄，不坚固，容易破碎。纵剖成瓢，仍嫌太大，因为舀水舀酒舀汤都用不着那么大。能说这大葫芦不够大吗？不能。可是大而无用，空空然枉自长了这么大。"

惠子撒了个谎，大葫芦种子其实根本不存在，那不过是魏王的仆役园艺手段高超的结果。至于说大葫芦无处可用，惠子倒是说了真话。然而，惠子说这番话时，阴阳怪气，话里话外，似乎不是在说葫芦，而是另有所指。

庄子心头明白，一点也不生气。

庄子说："先生实在是不善于使用大东西啊！宋国有一户善于调制不皲手药物的人家，世世代代以漂洗丝絮为职业。有个游客听说了这件事，愿意用百金的高价收买他的药方，全家人聚集在一起商量：'我们世世代代在河水里漂洗丝絮，一年所得不过数金，如今一下子就可卖得百金，我们还是把药方卖给他吧！'游客得到药方，来游说吴王。正巧越国发难，吴王派他统率部队，冬天跟越军在水上交战，因为有不皲手之药的帮助，战斗中没有减员的情况发生，因而大败越军。吴王很是高兴，封给了他大片封地赏他。能使手不皲裂，药方是同样的，有的人用它来获得封赏，有的人却只能靠它在水中漂洗丝絮，这是使用的方法不同。如今你有五石容积的大葫芦，为什么不考虑把它系在腰上，制成腰舟，而浮游于江湖之上，却担忧葫芦太大无处可容？看来先生你还是心窍不通啊！"

惠子明白，关于大葫芦的辩论他又失败了。但是，惠子并不甘心。

惠子又对庄子说："实不相瞒，我有棵大树，人们都叫它'樗'。它的树干疙里疙瘩，不符合绳墨取直的要求，它的树枝弯弯扭扭，也不适应圆规和角尺取材的需要。虽然生长在道路旁，木匠连看也不看。现今你的言谈，大而无用，很难得到大家的认可的。"

庄子微微一笑——自己的朋友终于露出了本意。

庄子说："先生你没看见过野猫和黄鼠狼吗？低着身子匍匐于地，等待那些出洞觅食或游乐的小动物。一会儿东，一会儿西，跳来跳去；一会儿高，一会儿低，上下窜越，却不曾想到落入猎人设下的机关，死于猎网之中。被眼前利益牵扯的人，他所能看到的世界只有豆子那样大。所以，这样的人容易陷入危险啊！但是，你看那牦牛，庞大的身体就像天边的云，它的身体不可谓不大，不过它很难捕捉到老鼠。然而，这头牦牛却很逍遥！如今你有这么大一棵树，却担忧它没有什么用处，如果把它栽种在什么也没有生长的地方，栽种在无边无际的旷野里，悠然自得地徘徊于树旁，悠游自在地躺卧于树下。大树既不会遭到刀斧砍伐，也没有什么东西会去伤害它。虽然没有派上什么用场，可是哪里又会有什么困苦呢？"

庄子又说："知道无用才能和你谈有用。举例来说，天地并非不广大，但是看起来对人有用的不过是站脚的那块地方罢了。脚所踩踏的地方虽然不大，但要借助周围没有踩到的地方才能走得远。现在，如果把站脚以外看起来无用的地方，都挖到黄泉，人肯定会吓得战战兢兢，不敢迈步，那么人所站的这块地方，还有用吗？”

惠子说：“没有用。”

庄子说：“那么无用的用处就明显了。”

此次关于“大而无用”“无用之用”的辩论，惠子完败。庄子甩甩宽大的袍袖，转身进入室内，留下惠子一脸不服气地站在庭院里……

在魏国停留一个月后，庄子回到了宋国。回到宋国后，庄子仍旧每日到蒙泽去钓鱼，偶尔去卖草鞋，时不时地与弟子到山中走一走，听一听在旷野中回荡的风。与其他有名的人物不同，庄子的课堂不在户内，而是在山野之间。

趁着夏日清晨凉爽，庄子与学生们在山里开始了游览。途中，他们看见了一棵大树。大树下聚集着无数的人，在传讲着一个神奇的故事。庄子和弟子屏气凝神，细心听着：

这棵树在当地被尊为神灵，它大到可以供几千头牛遮阴，量一量树干有百尺粗，树身高达山头，好几丈以上才生出树枝，可以造船的旁枝就有十几枝。观赏的人群好像集市一样。但是，一位从楚国来叫石的工匠却对它不屑一顾。他的徒弟站在那儿看了个够，对着大树啧啧称叹，等到追上匠石，询问说："自从我拿了斧头跟随先生，就没有见过这么大的木材。先生连看都不肯看一眼，直往前走，为什么呢？"匠石回说："算了吧！不要再说了！那是没有用的散木，用它做船，很快就会沉没，用它做棺椁很快就会腐烂，用它做器具很快就会折断，用它做门窗就会有松脂流出，用它做屋柱就会被虫蛀，其材没有可用之处。弯弯曲曲的枝干不可以用来做栋梁，树的下部到处开裂，不可以用来做棺椁；用舌头舔一下树叶，口腔就会受伤溃烂；近而嗅其气味，使人如同醉酒，三天三夜都醒不过来。简单说，这是不材之木，没有一点用处，所以才能有这么长的寿命。"

匠石回到家，夜里梦见大树对他说："你要拿什么东西和我相比呢？把我和有用之木相比吗？那枣、杏、梨、桃一类的树木，果实成熟了就遭剥落，剥落就被扭折；大枝被折断，小枝被拉下来。这都是由于它们有用，因而害苦了自己的一生，所以不能享尽天然寿命而中途夭折，这都是因为它们自己显露有用，招来世俗打击的结果。世间一切的东西，几乎没有不是这样的。我追求无用，已经很久了，此前几乎被砍死，直到现在，我才保全了自己，这正是我的大用。假使我有用，我还能长得这么大吗？既然如此，你为什么还要把我和那有用的木头相比呢？你这将要死去的无知之人，又怎能知道无用之木的用处呢？"

匠石醒来把梦告诉他的徒弟。徒弟说："既然大树意在求取无用，那它为什么要做神灵呢？"匠石说："停！你别说了！大树也不过是假托神灵以求生，使那些不了解它的人不敢轻易砍伐它。假使它不做神灵，岂不就遭到砍伐之害吗？况且它用以保全自己的方法与众不同，而我们却只从常理来思考它，不是相差太远了吗？"

庄子经过这棵树旁，听着聚集在大树下的人们讲着有关于它的故事，转身对身旁的弟子说："怪不得它能长这么大，原来是因为它的木材没有用处。看来只有没有用处的东西才能享尽自然的寿命啊！这与我在魏国与惠施的讨论如出一辙。"众弟子纷纷点头。

庄子和弟子从山里出来时，太阳早已下山，眼看赶回家里已经不可能了，只能寻个人家临时住下，明天再做打算。寻来寻去，庄子和弟子们终于在山下找到了一户人家。

山下一间茅屋，远远望去有烛光闪亮，庄子和弟子们心下大喜。

庄子来到柴门之前叩响了门扉，高声道："屋内有人吗？蒙邑庄周与弟子外出到此，日暮途远，恳请借宿一晚。"院内几声犬吠，一位老者扶杖走了出来。待到近前，庄周突然发现，这正是自己一个月以前在蒙邑东市遇到的东郭子。

东郭子见到庄周大笑，庄周也对着东郭子大笑。身旁弟子不明所以，忙问庄周道："夫子，您与这位老先生莫非是故交？"庄子道："我与东郭子先生一见如故，也可算是故人吧！"东郭子连声道："确是故人！确是故人！前番东市听先生一番高论，受用不尽，心下佩服得很！"东郭子手指几位在庄子身边的弟子道："这几位，是先生的高足吧？"众弟子连忙道："不敢！不敢！"

东郭子在前引路，说话间，宾主一行人来到了茅舍之内。

但见室内一尘不染，烛影摇红，地上几张草席，中间是一方长条桌案，箬笠蓑衣高挂于泥墙之上，书架罗列着成捆的竹简卷册，一派古典素雅的隐士之风。东郭子银须缕缕，面带笑容，招待众人坐下。随后，东郭子的几个儿子走了进来，东郭子一一介绍，几个儿子也分头向众人一一施礼。

叙礼已过，茅舍之外，隐隐有雷声浮过，不多时微雨临窗，发出沙沙的细响，像春蚕在咀嚼桑叶，夜晚更显得静谧无比。东郭子不禁笑道："看来是天意如此！庄周先生与几位高足游览山中，老夫我有幸与你重逢，天地以雷霆惊醒万物，以好雨润泽众生，先生的高妙言语，与这正相似。如果先生不弃，你我且秉烛夜谈如何？"庄子道："老丈高抬，庄周岂敢！愿与先生畅叙天道，不辜负这山中的夜晚。"

东郭子非常高兴，叫来自己的小儿子道："佳客到访，你且去将前日打猎新获的大雁下厨细做，让众位尝尝鲜吧！"小儿子在旁道："禀告父亲大人！现在家中有两只雁，一只会鸣叫，一只不会。杀哪只呢？"东郭子略带嗔怪之色，说："这还用问，当然杀那只不能鸣叫的了！"于是，小儿子便把那只不能鸣叫的大雁给杀了。不多时，酒菜罗列，宾主畅饮，庄周与东郭子叙旧。夜深，二人卧榻相邻，一夜谈天不提。

第二天天明，庄子与众弟子踏上归途，东郭子扶杖与众子送行，依依惜别。

在赶回蒙邑的路上，弟子请教庄子说："昨天在山中看见那棵树，因为没有用处而得以享尽自然的寿命；可主人家的那只雁，却因为没有用处而被烹食。看来有用也难以避免祸患，无用也难以避免祸患。先生究竟是做有用之人还是做无用之人呢？"

庄子笑笑说："你的问题真是难住我了！怎么说呢？若谈有用和无用，恐怕都有灾祸在眼前，那么我将处在有用与无用之间。说处在有用与无用之间，似乎与我所要处的境界很接近了，但还没有达到，因为这样做还会受到事物变化的牵累，还需要判断有用与无用，还需要考虑怎样才能处在其间。我所要处的境界是，乘着自然而然的大道自由自在地漫游，无所谓荣誉也无所谓耻辱，一会儿像是一条龙，一会儿像是一条蛇，随着时间的变化而变化，绝不做那一成不变的事情；一会儿向上，一会儿向下，以自然和谐为标准，飘飘游游，就像是来到万物的发源地一样，不分彼此，不分是非。这样一来，就能纵览事物的起伏和变化。纵览事物的起伏和变化，就能驾驭事物的起伏和变化，就不受事物发展变化的左右。做到了这一点，怎么还会有牵累呢？

"是有用好，还是无用好，不能一概而论，它们是随着时机的不同而有别的。有的时候有用会给自己造成危害，比如栋梁之材，它很有用，但是因此它会很早被人砍伐掉，失去自己的生命，这时候就是有用不如无用。有的时候无用会给自己造成危害，比如一只不会鸣叫的大雁，它无用，所以被用来供人烹食。这时候就是无用不如有用。作为一个人，在处理有用与无用这两者的关系时，不应该固守一成不变之则，而应该根据时机的变化而变化。当有用有害时，那就处于无用的一面；当无用有害时，那就处于有用的一面。想要做到这点，最好的方法就是顺物自然，随着时机的变换而自然变换。

"先师老子说：居住要善于选择有利的地方，心境要善于保持平静，交往要善于宽厚待人，言语要善于维持信用，从政要善于治理人世，做事要善于发挥才能，行动要善于掌握时机。顺境之时飞黄腾达，如龙高飞；逆境之时潜伏隐匿，如蛇游走。到底是像龙一样飞，还是像蛇一样游？没有一定之规，需要随着时间和环境的变化而变化。"

众弟子心下明了：人生在世，何必去思考自己有用还是无用？人最要紧的，不是要去固执地成为有用之人或是无用之人，最重要的是保持自然的心态，这样才可以享受逍遥自在的人生。

天生我材必有用，无用也不必恐惧，有用也不必欢喜，自然就好。

赵国说剑

庄子从来没有想过，自己有朝一日会变成说客。庄子也从来没有想过，自己有朝一日会变成剑客。事情的发生很偶然，也很无奈。

公元前298年的秋天，庄子的好友惠子已经去世十二年了，庄子此时风烛残年，已是七十二岁的高龄。自惠子死后，庄子缄默不言已经很久。对生死已经看淡的他，将遍游天下当成了自己余生的事业。这一年，庄子在魏国凭吊完惠子之墓后，并没有返回宋国，而是直接去了赵国。

赵国的首都邯郸，是战国时代有名的粮仓，邯郸一年谷物成熟，可保赵国十年没有饥饿的忧虑。同时，赵国东北与东胡接壤，北边与匈奴为邻，西北与林胡、楼烦等划界。这些部落都是以游牧为生，长于骑马射箭。由于赵人长期与北边少数部族相处、融合，边地少数部族的强悍与尚武精神也浸染了赵人。所以，赵文化同时蕴含着农业民族与游牧民族文化的双重血统。对于厌烦了中原文化的庄子来说，来到赵国领略一下异域风情，是他梦寐以求的事情。此时的赵国，经过赵武灵王"胡服骑射"政策的实施，已经彻底变成了一个"战斗民族"，民风极为彪悍狂野。

邯郸是战国时期赵国的都城，庄子来到赵国后，发现这个地方的人走路的姿势特别优美。据说，燕国有位少年不辞辛苦，慕名来到邯郸，要学这里的人走路。他一边观察邯郸人的走路姿势，一边学习模仿。可没过几天，他就坚持不住了，越学越别扭，越走越不自然。结果不仅没有学会邯郸人走路，竟然连自己原来走路的动作也忘了，只好爬着回到了燕国。

邯郸多舞姬和歌伎，赵国的歌舞天下闻名。庄子行走在邯郸街头，到处可以看见轻舞腰肢的歌女站在舞馆的门口放肆地大笑，到处可以看见乐工在摆弄琴瑟丝竹。据传闻，有个齐国人跟赵国人学鼓瑟。他按照赵国人调好的音调，用胶把调音用的音柱牢牢粘住，然后就回家了。三年以后，那个齐国人还是弹不成一首曲子，弹出来的声音刺耳难听。赵国人觉得奇怪，不知那个齐国来的学生为什么练习了三年，还弹不出曲子。后来，又从齐国来了一个人拜赵国人为师学鼓瑟，赵国人问明了原来那学生的情况，才知道先前那个齐国人没有学会鼓瑟技巧的原因，是把本来不该固定的音柱给固定了。

邯郸的美酒也天下驰名。当庄子坐在酒馆里饮酒，听其他的酒客聊天的时候，听到了一则更为离谱的故事：有一次，楚宣王命令天下诸侯去朝见他。赵国和鲁国国君带着各自国家出产的美酒前去拜见楚王，但鲁国的酒不如赵国的酒好。楚国的主酒官吏知道赵国的酒醇厚甘美，便向赵国索要美酒，但赵国不给，主酒官吏发怒，便偷偷将赵国进献的美酒调换成鲁国的薄酒。结果，楚宣王在品尝时，因为赵国酒薄，认为赵国国君轻视楚国，一怒之下便派兵围困了赵国的首都邯郸。

三个故事可笑之极，都发生在邯郸，庄子听后不禁莞尔。看来，赵国人骨子里有一种天生的幽默感，天生都是讲故事的材料，能力丝毫不逊于自己。

正当庄子在酒馆中听着邯郸的酒客高声谈笑之时，一队武士突然闯入店内。为首的军官对着酒客高声喝道："惊扰诸位！今太子听闻庄周先生驾临我国，深感荣幸之至。奉太子号令，庄周先生若在，请至太子府一叙。"

军官言罢，四下扫视。

庄子不答。

军官见无人应答，便召唤酒馆主人到场。

"今天你的店内可有生人进入？"

酒馆主人见有军官询问，心下大恐，一边小声嗫嚅，一边手指庄周。

军官顺着酒馆主人手指的方向，来到庄子面前。

"庄周先生，小人有礼！请先生且停酒杯，到太子府内一叙。"

军官言语间带着三分客套，但更有七分不容置疑。

庄子起身，无奈地说道："老夫在邯郸并无故人，与太子也并不相识。太子今日相邀，让人实在摸不着头脑，不知究竟所为何事啊？"

军官道："小人不知！先生到太子府内，自然明了。请！"

庄子也只能随行。

片刻之后，庄子在一行人的簇拥之下来到了太子府。

太子府前，一人赭袍玉带，优雅清贵，容貌俊美，气度不凡，站立于东阶之上。

军官走到此人面前，躬身施礼道："属下奉太子之命，已将庄周先生带到。"

毫无疑问，此人就是赵国太子。

赵国太子走下台阶，远远地双手打拱，待到庄子身前，深施一礼，对庄子道："小王惭愧，命手下一群武人带先生委屈至此，事起仓促，先生切莫见怪！"

听此，庄子道："庄周一介草民，太子屈尊召唤至此，不知有何见教？"

太子道："此事说来话长，且请先生到府内一叙。"

太子说罢，伸手引路。

待到府内厅堂，太子与庄周分两厢跽坐于几案之前，左右奉上时蔬瓜果。

太子对庄子道："我与先生本不相识，但是事情紧急，赵丹也只能求助于先生了！

"实不相瞒，我赵国民风任气尚侠，民间带剑的剑客不在少数。自我的祖父武灵王实行胡服骑射之后，这种习气更加普遍。受这种风气的熏染，父君对剑术也颇为喜爱，剑士聚集在父君门下充当门客的就有三千多人，他们日夜在父亲面前击剑，争相邀宠，好勇斗狠，一年下来，死伤的剑客竟有一百多人。更让人忧虑的是，虽然门客死伤众多，但父君依然乐此不疲。父君对剑术的热爱，甚至超过了对歌舞的喜好。

"三年以来，父君不理朝政，以致国势日渐衰落。我国周围，强敌环伺，这是先生您所知道的。据秦国和魏国的探子来报，秦国和魏国已经起了攻打我国的心思。您说，这能不让人忧虑吗？

"为了劝谏父君，我曾经与府内的众人商议，悬赏千金，征募能言善辩之士，到朝堂之上向父君面陈利害。但不想父君刚愎自用，根本听不进他人的言语，劝谏的人无一例外地都被斩首街市。而且父君对群臣下令说，如果再有劝谏之人，杀无赦！眼下，赵丹我实在是无计可施了！考虑到我国目前的政局，我夜不能寐，辗转反侧，忧心如焚。"

庄子疑惑道："太子所说的情况我都了解了，但是，您请庄周来，能做什么呢？既然您请庄周来，想必您对庄周有所耳闻。老夫我一生不屑于功名利禄，数次辞官。另外，老夫我壮年时尚且不能有所作为，如今年老，恐怕更不能做什么了！"

太子听到庄周说的话，猛地站起身来，急切地说道："我知道先生对功名利禄没有兴趣，但我听说先生辩论的能力，不仅超越您的老朋友惠施，而且更在苏秦、张仪之上。我相信，如果有您去劝谏父君，父君一定会回心转意，不再沉迷剑术，转而料理国政。"

庄子淡然道："太子请恕老夫无能为力！"

太子听闻，突然手按腰间佩剑，目露寒光，眼睛直视庄子道："先生！难道我腰间之剑不锋利吗？恐怕今日由不得先生，如果您今日不从，有死而已！"

庄子踞坐不语，以沉默表达反抗。

赵丹转换颜色道："我听说先生一生以道为本，对万物一视同仁，皆怀有慈爱之心。今天赵国的民众身处国家沦亡的险境，如果您不出手相救，您还是学道之人吗？"

赵丹的话触动了庄子，他心下一凛。庄子一生不处险境，不入危局。一方面，如果自己不按赵丹所说去劝谏赵惠文王，肯定会有性命之忧。另一方面，赵丹所说的话也的确有几分道理，他年纪老迈，从未在政治方面做过什么事情，今天如果能规劝赵惠文王回心转意，也算是做了一件对赵国百姓有益的事。他一生信奉随时而动，既不做完全无用之人，也不做完全有用之人，而是处于有用与无用之间。看来今天他必须转变态度，从一个无用之人变成"有用"之人了。

念及于此，庄子对太子道：

"看来，今日老夫也只能遵太子之命，勉强一试了！"

太子赵丹对庄子拱手，恳切地说道："赵国存亡，全系于先生一身。请受赵丹一拜！"说罢，躬身再拜。

庄子去见赵惠文王时，赵惠文王的宫殿之内，正站着一群剑客。这些剑客一个个蓬头乱发，留着络腮胡子，帽子低垂，上面有粗实的冠缨。他们穿着紧身的胡服，肌肉块块饱绽，对着庄子怒目而视。赵惠文王则仓啷一声抽出宝剑，放在膝上抚摸，给庄子来了一个下马威。

庄子没有害怕，在太子的引领下，缓缓地进入殿门，见到赵惠文王也并不下拜。

赵惠文王两旁的侍者道："乡野村夫无礼！进入殿门，怎敢不疾行？见到大王，为何不下拜？"

赵惠文王挥手喝止侍者，对着庄子道："先生有什么可以指教我，竟让太子先做介绍呢？"

庄子说："我听说大王喜欢剑，所以想把自己的剑术献给大王。"

赵惠文王道："你一个老迈之人，怎敢奢谈剑术？我且问你，你的剑法怎样制服敌手？"

庄子道："我的剑，十步之内无人可以活命，千里之内不会遇到任何阻挡。"

赵惠文王不由大惊，道："如果你所说属实，真可以说是天下无敌了！"

庄子说："用剑之道，一定要先示人以弱势，让敌人觉得仿佛有可乘之机，自己则后发先至，料敌制胜。如果大王不信，您可以让您手下的剑客与我比试一下。"

赵惠文王心中又是一惊：老者口出大言，技艺必定非同寻常，今天让他与我手下剑客比试，如果剑客落败，岂不是损了我的颜面？

于是赵惠文王道："老先生先请到馆舍休息，容我安排妥当之后，再来请先生。"

太子在殿下替庄子捏了一把冷汗，听到赵惠文王的话，急忙拉着庄子下拜遵命。

赵惠文王这边也开始了紧锣密鼓的准备，他让手下的剑客相互较量了七天，死伤了六十多人，最终选择了六个人，让他们奉剑侍立在殿下。剑客选拔完毕后，赵惠文王召请庄子。

赵惠文王说："今天，请老先生和我的剑客对剑。"

庄子说:"老朽我已经盼望很久了。"

赵惠文王道:"比剑必先选剑,先生用长剑还是短剑?"

庄子道:"我用长剑、短剑都可以。我这里有三种剑,请大王替我选择一把,然后再比试。"

赵惠文王说:"让我听听,你那三种剑都是什么剑?"

庄子说:"有天子的剑,有诸侯的剑,有庶人的剑。"

赵惠文王说:"天子的剑什么模样?"

庄子答道:"天子的剑,以燕溪石城作剑端,齐国泰山作剑刃,晋国卫国作剑背,周朝宋国作剑口,韩国魏国作剑把,用四夷包着,用四时围着;以渤海为环绕,以恒山作系带;用五行来制衡,用刑德来论断;以阴阳为开合,以春夏来扶持,以秋冬来运作。这种剑,直往便没有东西可以在它前面,举起便没有东西可以在它上面,按低便没有东西可以在它下面,挥动便没有东西可以在它近旁,在上可断浮云,在下可斩断大地的根基。这种剑一旦使用,就可以匡正诸侯,天下顺服了。这便是天子的剑。"

赵惠文王听庄子说得神乎其神，怅然若失地说："那么，诸侯的剑又怎么样？"

庄子说："诸侯的剑，以智勇之士作剑端，以清廉之士作剑刃，以贤良之士作剑背，以忠贤之士作剑口，以豪杰之士作剑把。这种剑，直往也没有东西可以在它前面，举起也没有东西可以在它上面，按低也没有东西可以在它下面，挥动也没有东西可以在它近旁；在上效法上天顺应三光，在下效法大地顺应四时，中间和顺民意安顿四方。这种剑一旦使用，像雷霆一样震撼，四境之内，没有不归服而听从君主的命令了。这是诸侯的剑。"

赵惠文王不禁继续问道："那么，庶人的剑怎么样？"

庄子回答说："普通老百姓用剑，蓬头乱发，帽子低垂，帽缨粗实，穿着紧身的衣服，怒目圆睁，言语粗俗。他们用剑比拼的时候，向上可以砍断脖子，向下可以刺穿心肺。这就是普通老百姓的剑，和斗鸡没有什么不同，纯粹是好勇斗狠、匹夫之勇罢了！这些人即使丧命，也不会像上阵战死的将士，对国家没有丝毫用处。现在大王拥有天子的宝位，却喜好普通老百姓的剑，我替大王感到遗憾。"

庄子一番话，如同醍醐灌顶，使赵惠文王猛然觉醒过来。回想这三年来，自己确实没有值得夸耀的政绩，不仅豢养剑客耗尽了赵武灵王时积攒的钱粮，而且不理朝政还搞得赵国内外民怨四起，秦国和魏国甚至起了侵略之心。当年自己的父亲赵武灵王何其英勇盖世，将贫穷的赵国变得逐步强大，不仅有蔺相如、廉颇这样的名臣良将，更有一支战无不胜、攻无不克的军队。如果运用得当，岂不就是一柄天子之剑吗？如今，赵国所持的不过是一把庶人之剑，凭此如何与诸侯相抗衡？

想到这一切，赵惠文王懊悔万分。他走下殿来，绕着庄子走了三圈，若有所思。而后，他牵着庄子的手走上宫殿，向着庄子深施一礼道："先生之言，让我异常惭愧！如果没有先生，我至今还在梦中！"

庄子说："大王何必言谢！您暂且安静坐下平定气息，关于剑的事我已经奏请完了，太子请托之事庄周也算有了一个交代。"

说罢，庄子望向殿下的太子。

此后，赵惠文王三个月不出宫门，专心治理朝政，他门下的剑客听到这件事，知道自己再无用处，郁闷之下纷纷自杀。赵国太子大喜过望，准备向庄子致谢，但庄子恼怒于太子当初的威逼利诱，不等到太子的使者赶赴到宾馆，庄子就已经收拾行囊，匆匆离开赵国而去了。

吮痈舐痔

战国时代，是一个凭本事吃饭的时代。当时，流落到民间的知识分子不可胜数，他们组成了一个庞大的"待就业"群体。作为一名"士"（知识分子中最低一级的贵族），他们拥有的是知识，却无力从事体力劳动，他们如果想要生存下去，必须效法春秋时代"待价而沽"的孔子，将自己的知识"卖出去"，否则就要遭受饥寒之苦。战国的诸侯们，给了知识分子一个机会：只要你有一家之说，胸怀富国强兵的谋略，都可以在各国谋有一席之地。

于是，张仪走出去了，孟子走出去了，惠施也走出去了。

君不见张仪游说而取富贵？君不见惠施高坐魏国庙堂？君不见孟子出行，车驾数百辆，从者数百人，俸禄千钟粟？他们烜赫一时，腰缠万金，气势凌人。在这时，说什么"安能摧眉折腰事权贵"？"著书都为稻粱谋"才是天下正理。

张仪、孟子和惠施，成了那个时代的佼佼者，成了知识分子羡慕的偶像。

曹商当然也很羡慕。

曹商是宋国人，庄子的蒙邑同乡。

在庄子做漆园吏时，他每天围着庄子献殷勤，他知道庄子有一个叫惠施的朋友在魏国身居相国之位，如果自己和庄子相处融洽，说不定哪天庄周会把自己推荐给惠施，也混上个一官半职，显耀门楣。

这一天，他来到漆园对庄子诉苦："庄周兄！我也曾经追随鬼谷先生学习纵横之术，将那游说君王的典籍看了不下千遍，练习辩论的技巧练到口干舌燥，可等到我来到诸侯的面前准备游说、准备腾说以取富贵之时，却发现自己根本讲不出话来，这岂非命也？看着同门的张仪，在诸侯间往复游说，如鱼得水，朝秦暮楚，纵横自如，真是让人羡慕极了！"

庄子本无意于仕进，对仕进之人更是不屑一顾，此时面对着满是功名利禄之心的曹商，心内不禁涌起十二分的厌恶。

"足下高才，他日必然能够待时而飞。再说，人各有命，何必羡慕他人？我曾经听到过这样一个故事，说与阁下一听，或者可以解你心中所虑。"

曹商道："曹商受教，感激不尽，请阁下为我细细言明。"

庄子道："有一只叫做夔的神兽，对多脚虫说：多脚虫啊多脚虫！你真是太让人羡慕了！我只有一条腿，你却有那么多。

"多脚虫说：这有什么值得羡慕的？你看那爬行的蛇，即便没有脚也能走路，那才真正让人眼红呢！

"蛇说：你说的算什么！风连自己的身体都没有，更加无拘无束，却什么地方都能去，那才真叫自由！

"风说：我自由倒是自由，却什么也看不见。

哪里比得上眼睛，什么都能看见。

"眼睛说：我整天露在外面，老是被别人盯着，一点隐私都没有。心脏多好，什么都不用看，又什么都知道。

"我想请问阁下，夔、多脚虫、蛇、风、眼睛五者之中，谁更值得羡慕？"

曹商一时语塞。

庄子继续道："很明显，世间万物各有各的本性，有的大，有的小，有的美，有的丑，大有大的好处，小有小的好处，美有美的用途，丑有丑的用途。生活在世间，谁也不用羡慕谁，各尽其性罢了！攀比、羡慕究竟有什么好处呢？"

曹商不说话。

庄子又说道："我的为人，阁下向来知道。对求取官职，庄周我没有半分兴趣。另外，阁下以为官职真的足以显耀门楣、光宗耀祖吗？殊不知，做官其实还潜伏着杀身之祸呢。

"蒙泽河边有户靠编织芦苇过生活的贫穷人家，有一天，他的儿子潜入深渊里，得到一枚价值千金的宝珠。他的父亲却对儿子说：'快把它砸碎吧！这价值千金的珠子，一定是在九重深渊的骊龙颔下，你能得到这珠子，一定是龙正在睡觉。等到骊龙醒来，你就要被残食无余了！'现在宋国国君心思深沉，不止于九重深渊；宋王的凶猛，不止于骊龙；你能够得车子，一定是正逢他睡觉的时候。等到宋王清醒来，你就要粉身碎骨了！

"我还听说，宋国有个会杂耍技艺的人，用杂技求见宋元君。宋元君召见了他。他的技艺是用两根身高两倍的木杖捆绑在小腿上，时而快走，时而奔跑；又用七把剑迭相抛出，有五把剑常在空中。元君大为惊喜，立即赏赐给他金银布帛。又有一个会杂耍技艺的人，能够像燕子一样轻捷如飞，听说了这件事后，又用他的技艺求见元君。元君大怒说：'前不久有个用奇异的技艺来求见我的人，那技艺毫无实用价值，恰好碰上我高兴，所以赏赐了金银布帛。你一定是听说了这件事以后来的，也希望得到我的赏赐。'于是把那个人抓了起来，过了几个月才释放。

"龙这种鳞虫，温顺时可以亲近，甚至可以骑乘，但它的喉咙下有倒长的鳞片，直径有一尺多长，如果有人不小心触及了它，那一定会被咬死。人主也有逆鳞。游说之人能不触及人主的逆鳞，稀罕得很呀！

"阁下现在认为游说君王以取富贵，是一生当中的大事。但是你是否考虑过，一旦触碰到龙的逆鳞，你会是什么样的下场呢？

"我记得老子发出过这样的疑问：声名和生命相比哪一样更为亲切？生命和利益相比哪一样更为贵重？获取和丢失相比哪一个更有害？过分的爱名利就必定要付出更多的代价；过于积敛财富，必定会招致更为惨重的损失。所以说，懂得满足，就不会受到屈辱；懂得适可而止，就不会遇见危险；这样才可以保持住长久的平安。"

曹商冷汗涔涔而下，不住地用袍袖擦着脸，他的内心非常复杂。

曹商想，庄子说的话的确很有道理，人主的逆鳞也的确非常危险。但是，张仪不是成功了吗？惠子不也成功了吗？生命当然比利益重要，但他们不也做到了二者兼顾吗？求取富贵之路的确艰险难行，但富贵不就是在险中求得的吗？庄子说的这些话是不是有些过于危言耸听了呢？如果庄子说的是对的，那么天下为什么还有那么多求取富贵的人呢？

对庄子的话，曹商无法反驳，但内心并不服气。曹商觉得，一个人的真理，并不能说明普遍的问题。但是，庄子这个人就是这样固执。自己本想通过对庄子诉苦，引发他的怜悯之心，让他能联系一下惠子为自己谋官，如今看来，自己的如意算盘要落空了。

但曹商仍不肯放弃，他要抓住最后一根救命稻草。

曹商一脸哀求之相，急切道："庄周兄！您的话我已经听到心里去了！但是，您看看曹商我目前的这副模样，活得还像个人吗？刚才有句话没好意思对您说，您能否屈尊替我到惠相那里说句话？也好让我有个进身之阶……"

不等曹商的话说完，庄子就打断了他。

"我本以为阁下此次前来，无非是诉诉苦，我也是尽同乡之谊，宽解阁下一番。但不想阁下竟然有如此过分的请求，阁下还是请回吧！"

庄子说罢，转过头来，不再看曹商。庄子万万没有想到，曹商此次前来的目的，竟是想通过自己求官。人们常说不为已甚，如今曹商做得实在是太过分了。一则求官本就为自己所不屑，二则自己和惠子之间是无话不谈的知己，容不得半点功名利禄玷污纯洁的友情。如今曹商知道自己的身份处境，知道自己与惠子之间的关系，竟然厚颜无耻到让自己出面去替他谋求官职，岂非欺人太甚？

曹商尴尬无比，一时竟不知道再说些什么。他没有想到，庄子竟然如此决绝。小人被人拒绝，尤其是断绝了利禄之途，内心就会由原来的低下哀求，转为切齿记恨。在曹商的心里，庄子今日对他所做的一切，他是彻底记下了。

曹商终于找到了报复庄子的机会。

宋偃王四年（前325），秦惠文君仿效其他诸侯国做法，自称为王。此前五年，魏国在与秦国的河西之战中一败涂地，丧失了往日霸主的地位，秦国成为战国政治舞台上冉冉升起的明星。秦惠文王重用张仪连横破合纵，对张仪求之、试之、任之、信之。在秦与列国间复杂的邦交斗争中，多次逆转危势，击溃五国攻秦之兵。在秦惠文王的带领下，秦国逐渐露出了霸主的模样。

秦惠文王称王的消息传到了各个诸侯国，对这位新晋的霸主，宋国自然是敬畏的。宋偃王认为，此时有必要派遣使者对秦惠文王表示祝贺。据说，宋国境内有一位秦惠文王宠臣张仪的同学曹商，两人同出一门，或者可以派遣其为使者出使秦国。

就这样，阴差阳错，曹商成了宋国出使秦国的使臣。

曹商临行之前，宋偃王殷殷嘱托。为了以壮行色，宋偃王为曹商配备车辆十乘，金帛财物盈车，军队专程护送，从者近百人，宋国的旗帜一路飘扬，浩浩荡荡，驶向秦国。

到了秦国后，秦惠文王方始称王，志得意满，威仪赫赫，让曹商的同学张仪陪同检视秦国军队。

秦惠文王一脸骄傲地对曹商说："使臣看我秦国军队雄壮否？"

曹商道："大王虎狼之师，横扫六合，披坚执锐，诸国的军队恐怕没有能抵挡大王的！寡君临行之时，盛道秦国军力之强，今日一见，果然名不虚传。臣下我看到大王的军队，将士上下同心，进退有度，令行禁止，以一当百，戈矛耀日，军纪严明，赏罚得当，真是威武雄壮之师啊！"

秦惠文王手捻胡须，仰天大笑，很为得意。

次日，秦惠文王又让张仪带着曹商在咸阳城内游览。咸阳城内，车水马龙，人群熙熙攘攘，商业一片繁华，各国的商品在市面上都可以买到，咸阳城已经成为名副其实的通都大邑。曹商看到，在街市上乱倒垃圾的市民，马上就被执法的狱吏抓了起来。曹商也发现，市场内贩卖布鞋的人少，但售卖假肢的人却很多。曹商不解，问张仪道："张仪兄！咸阳城内民生富庶，人民性格淳朴。但我看到贩卖假肢的商人很多，卖布鞋的人却很少，这是什么原因呢？"

张仪道："曹商兄有所不知。秦君实行商鞅旧法，法律严苛，百姓动辄得咎，往往被施以肉刑，缺腿断脚之人很多。这就是我秦国假肢多、布鞋少的原因。

"秦君认为，法律严明，国家在方方面面就会走上正常轨道。一切依照既定的成法办事，官吏就不会贪赃枉法，军队就会令行禁止，更有战斗力。"

曹商深深叹服。

再见秦王时，秦王带着他一贯的志得意满的神色问道："游览咸阳，使臣看我秦国富庶否？"

曹商答道："我在咸阳城内看到民风淳朴，百姓安居乐业，货物流通顺畅，官员管理有度，一切都遵照法律而行。秦国国势蒸蒸日上，大王治理有方。臣下我谨向大王致以诚挚的祝贺！"

前番曹商盛赞秦国军队威武，此番曹商又极力夸赞秦国的国力强盛，同时又将其归功于秦惠文王，这让秦惠文王非常受用。于是，秦惠文王带着欢悦的神色对曹商说："使臣此番前来，是为了缔结秦宋两国万世之好，您一路风餐露宿，非常劳苦，此次回程面见宋君，寡人赐您车辆百乘以为奖赏，以慰劳您一路的舟车劳顿。"

曹商喜出望外，诚惶诚恐，伏地而拜，颤声道："臣下敬谢大王的恩赐！食君之禄，忠君之事，为秦、宋两国的万世之好，曹商敢不尽力！"

曹商踏上了回归宋国的旅程。

曹商一扫往日颓丧之色，不再是商丘城内的无赖模样。他每日乘坐着华丽的车子招摇过市，极力地补偿以前所蒙受的屈辱。当然，他也想起了当初拒绝他的庄子。

这一天，他特意带着自己浩浩荡荡的队伍，来到了庄子经常垂钓的蒙泽。

庄子正悠闲地钓着鱼，耳听得车马萧萧，眼见道路上尘土飞扬，一人端坐在为首的华车之上，正是曹商。

曹商在车上朗声道："庄周兄好兴致！蒙泽的鱼多吗？"

庄子笑道："多乎哉？不多也！糊口而已。"

此次回国，曹商收获满满。他完成使命，面见宋君，另有一番嘉奖不提。

曹商一扫往日颓丧之色，不再是商丘城内的无赖模样。他每日乘坐着华丽的车子招摇过市，极力地补偿以前所蒙受的屈辱。

当然，他也想起了当初拒绝他的庄子。

这一天，他特意带着自己浩浩荡荡的队伍，来到了庄子经常垂钓的蒙泽。

庄子正在悠闲地钓着鱼，耳听得车马萧萧，眼见道路上尘土飞扬，一人端坐在为首的华车之上，正是曹商。

曹商在车上朗声道："庄周兄好兴致，蒙泽的鱼多吗？"

庄子笑道："多乎哉？不多也！糊口而已。"

曹商道："昔日曹商曾向庄周兄问计，庄周兄断然拒绝了曹某的请求。庄周兄的大恩德，曹某中心藏之，何日忘之？上天不绝曹某，宋王、秦王都对曹某施以雨露恩宠，如今百乘随行，算是一展平生之志。您住在穷里陋巷，每日窘困地织鞋度日，一副面黄肌瘦的样子，这是我曹商所万万不及的；

至于一旦见到万乘君主，游说而能让其赐予从车百辆之多的，却是我的长处。此情此景，庄周兄作何感想？"

看着曹商一副小人得志的样子，庄子不禁心中暗笑。

庄子含笑说："实话相告，我心中没有任何感想。我听说，在秦国有一条不成文的规矩：秦王如果有病召请医生，医生如果能够使秦王毒疮痊愈的，可获得一乘车。如果秦王得了痔疮，那么肯于为秦王舐痔疮的可获得五乘车。一言以蔽之，所医治的部位愈卑下，所得的车辆愈多。您如今得到了秦王百辆车驾的赏赐，您为秦王医治的部位是哪里呢？您难道是为秦王舐了痔疮吗？不对，为秦王舐痔疮也不过得到五辆车的赏赐。您能不能告诉我，您在秦国究竟付出了多大代价？"

曹商的随从听到庄子的一席话，一个个不禁掩口而笑，曹商的脸顿时变成了猪肝色。

庄子继续说道："从前惠施做了魏国的相国后，也曾经到孟诸泽寻访我，夸耀说他得到了数十辆车子，神态与您今天一模一样。我当时钓了很多鱼，但是我把鱼全都倒进了水里。人生在世，资财能够养生即可，多余何益？

"另外，惠施到我这里来夸耀，尚且有可以夸耀的资本。惠施是有真才实学的人物，而阁下学问的斤两您自己还不清楚吗？恕我直言，您不过是侥幸获得了富贵。您的处境，与我从前与您讲到的获得宝珠的蒙邑人、从事杂耍技艺的商丘人，没有什么不同。您要小心，您离骊龙不远，不知道哪天您就会触碰到骊龙的逆鳞呢？

"您有您的高车可坐，我有我的鱼儿可钓，我们心中所恋慕的东西不同。我曾经对您讲过，人各有优长，各有所好，不必相互羡慕。您今日来，难道是忘了庄周当日说过的话吗？足下请回吧！"

一番言语过后，曹商再也无话可说，只好悻悻地带着车驾回去了。

庄周梦蝶

春天的蒙泽，花海如火，开得正旺。

庄子的身边，围绕着一群弟子，在花海中徜徉，一边走一边聊。庄子喜欢在自然中行走漫游，自然是人类最好的老师。此刻，他与弟子正在就一个话题热烈地探讨着。

对世界，庄子是个冷静的观察者。

庄子的时代真是一个混乱的时代，诸侯间纷纷攘攘，为了所谓的霸业相互征伐不休。铁蹄过处，白骨遍地，流血千里，百姓流离失所。人们都在问："这个世界还会好吗？这个世界如何才会重归太平？"庄子看到，对这个问题，人们给出了不同的答案。

庄子道："孟子接过孔子的衣钵，认为天下大乱的根源，在于人的内心缺少爱，只要人有'仁爱'之心，天下就会重归太平。

"墨子也认为，天下大乱的原因在于人的内心缺少爱，不过他提倡'兼爱'——对待所有人一视同仁地给予同样的爱。

"韩非则认为，天下大乱的根源在于缺少法度，如果用'法'规范人们的一切，世界一定会重回正轨。"

……

众人问道："一个问题，多种解答。听谁的呢？"

庄子道："这就需要辩论。

"孟子讽刺墨家，认为他们'无父无君'。同样是提倡'爱'，孟子认为'爱'应该是有等级、有差别的，一切遵'礼'而行，否则天下岂不是乱了套？如今你提倡'兼爱'，岂不是'无父无君'？人若没有'礼'，'礼'如果没有区别，对待父亲与对待陌生人一样，这与禽兽还有什么差别？禽兽对待同类没有差别，固然做到了'兼爱'，然而它们终究不是人类。

　　"韩非则讽刺儒家，认为他们的策略见效太慢，过于迂腐。儒家说要以爱感人，以德化人。舜做尧的臣子时，历山一带的农夫互相侵占田界，舜到那里耕种，于是农夫就不再相争了；黄河边上的渔夫互相争夺便于捕鱼的地方，舜到那里捕鱼，于是渔夫就互相礼让了。这样看来，舜真是一个伟大的圣人，他靠自己的行动就感化了老百姓。但当此之时，尧为天子，百姓相争，说明尧治理天下有'败政'，他就算不得圣人。总而言之，说尧是圣人，就应该耕渔不争，那么舜就无所谓德；说舜以德化民，以爱感人，使农夫和渔夫不争，那么尧就有了'败政'，就算不得圣人。这是明显的自相矛盾！"

　　众人有些焦急："那么，谁说的对？"

　　庄子微微一笑，没有直接回答大家的问题，而是话锋一转："大家见过祭祀时用草扎成的狗吗？

　　"我仔细观察天地，天覆地载，四时更替，没有见到天地有任何的言语。有智慧的人是不发表言论的，发表言论的人是没有智慧的。

"你见到过天地对任何人有特别的私心和厚爱吗？

"没有。

"天地对待世间众生，与对待祭祀用的草狗没有任何区别。换句话说，天地实在是把诸位和我都当成了草狗，并没有区别对待过啊！

"人却不同，他们倚仗自己私人的意见，认为某人对，认为某人错，认为某人美丽，认为某人丑陋。

"他们认为对的东西，如果别人认为是错的，他就会拿自己认为对的东西去与那人辩论，反而认为对方是错的。

"所以，你会看到，此处是正确的东西，到彼处就会变成错的。在彼处是正确的东西，到此处就会变成错的。

"其实，天下哪里有绝对的对与错呢？"

众人一脸惊诧。

庄子看众人迷惑，于是继续举例说："人睡在潮湿的地方，就会患腰痛或半身不遂，泥鳅也会这样吗？人爬上高树就会惊惧不安，猿猴也会这样吗？这三种动物到底谁的生活习惯才合标准呢？人吃肉类，麋鹿吃草，蜈蚣喜欢吃小蛇，猫头鹰和乌鸦却喜欢吃老鼠，这四种动物到底谁的口味才合标准呢？

"猵狙和雌猿作配偶，麋和鹿交合，泥鳅和鱼相交。毛嫱和西施是世人认为最美的；但是鱼见了就要深入水底，鸟见了就要飞向高空，麋鹿见了就会急速奔跑；这四种动物究竟哪一种美色才算最高标准呢？

"人类最大的问题，就是太执着于自我了！一切以自我为中心，一切从自我出发。大智慧的人，总是显示出豁达的海纳百川之态，对待与自己不同的言论从不排斥；小智慧的人，总是显得气度局促，格局狭小，对待与自己不同的言论冷眼相向。

"从如上的事例，我们就可以获得教训。人不能效法天地吗？不能消除固执之心吗？停息各种争论，不要执着地区分人与人之间的不同，不要强行地区分人与物之间的差别。上天既然对待万物一视同仁，那么人就不应该认为自己有任何优越的地方。从道的眼光来看，人不过是沧海一粟，他们相互之间没有优劣之分。扩大来说，不仅仅是人与人之间，即便是对待万物，人也不应该摆出一副高高在上的姿态。

"简单来说，对于人，我们不要有区分之心，对他们的各种言论一视同仁；对待万物，我们也不要有区分之心，而是对它们均齐视之。这就是我的'齐物论'。"

庄子的一番言论下来，众弟子纷纷点头称是。

一弟子道："我认为，夫子的'齐物论'，其实包含了两层含义。一则可以理解为齐'物论'，人不过是世间万物之一，人们的议论说到底还是'物论'，因而消除人与人之间的争论，均齐视之，就是齐'物论'；二则是可以理解为'齐物'论，从天道的眼光来看，万物均齐，并无不同，因而对万物均齐视之，就是'齐物'论。"

庄子对之点头微笑。

另一弟子道："夫子，我曾经见过蒙邑的南城一个叫颜成子游的人，他的老师名叫南郭子綦。颜成子游曾经讲，一天南郭子綦靠着几案而坐，仰首向天缓缓地吐着气，那离神去智的样子真好像精神脱出了躯体。颜成子游陪站在跟前说道：'老师这是怎么啦？形体诚然可以使它像干枯的树木，精神和思想难道也可以使它像死灰那样吗？你今天凭几而坐，跟往昔凭几而坐的情景大不一样呢？'南郭子綦回答说：'子游啊！你这个问题问得太好了，今天我忘掉了自己。'

"我以为，夫子的'齐物论'，其最重要的一点就是'忘掉自己'，消除我执。如此，才可以向'道'的境界靠拢。"

庄子道："想不到小小的蒙邑之内，竟然有我庄周的同道。可见，大道至简，只要消除固执之心，人人都能领悟道的精髓。众位一定要铭记啊！"

众弟子又纷纷点头称是。

庄子稍稍有些疲倦，众弟子眼见庄子略显疲态，于是纷纷散去。

庄子并没有走。

蒙泽之畔，花海之中，有一块被人所弃的丑石。

它黑黝黝地卧在那里。以它垒墙，苦于它既不规则，没棱角，也没平面；凿开它吧，人们又懒得花那么大气力。随便在蒙泽去捡一块石头回来，也比它强。用它造石磨吧，师匠又嫌他石质太细。它不像美玉那样细腻，可以凿下刻字雕花，也不像大青石那样的光滑，可以浣纱洗布；它静静地卧在那里，长满青苔，虽无法为人所用，却在一片野生的花海里找到了栖身之所，远离尘嚣，逃避了世俗的机巧。

丑石从自然而来，它无始终，无生死，无喜怒，无爱欲，无意志，静默无言。成方成圆，或丑或陋，对它来讲根本无足轻重，不需劳神。

丑石接近于道。

庄子对丑石深深一拜，朗声道："石兄！好久不见。

"我常说自己顽痴，但不知道石兄居然比我还要顽痴几分。你沉默不言，不求有用，高卧在此处，比我更多几倍逍遥。

"与你的逍遥相比，人一旦禀受天道，形成形体，便开始了纷扰的人生旅程。与外物接触便互相摩擦，驰骋追逐于其中，而不能止步，这不是很可悲的吗？终生劳劳碌碌而不见得有什么成就，疲惫困苦不知道究竟为的是什么，这不是很可哀的吗？这样的人生虽然不死，但又有什么意思呢！人的形体逐渐枯竭衰老，人的精神又困缚于其中随之销毁，这不是莫大的悲哀吗？人生在世，本来就是这样的昏昧吗？

"世间之人，有谁能似石兄一般，忘却荣辱，独与天地精神往来？"

对着石头说罢此言，庄子在花海中坐下，俯卧在顽石之上，他一手抚住顽石，一声长叹，面向花海怅惘地凝望。

春阳熙和，鲜花盛开，一片片，一丛丛，宛如燃烧的火焰，仿佛灿烂的云霞，汇成五彩缤纷、芬芳四溢的花海。一只斑斓的蝴蝶，轻轻扇动着薄如蝉翼的翅膀，忽上忽下，时高时低，悠闲自得地在花海上款款飞翔，轻捷欢快地在花丛中翩翩起舞。它尽情饱览着绚丽夺目的迷人花色，贪婪吮吸着沁人心脾的缕缕馨香。

暖融融的太阳，花朵的芳香，飞舞的蝴蝶，让庄子感到惬意，俯卧在顽石之上的他，逐渐眼皮发

"世间之人，有谁能似石兄一般，忘却荣辱，独与天地精神往来？"
对着石头说罢此言，庄子在花海中坐下，仰卧在顽石之上，他一手
抚着顽石，一声长叹，面向花海怅惘地凝望。

春阳熙和，鲜花盛开，一片片，一丛丛，宛如燃烧的火焰，仿佛灿
烂的云霞，汇成五彩缤纷、芬芳四溢的花海。一只斑斓的蝴蝶，轻
轻扇动着薄如蝉翼的翅膀，忽上忽下，时高时低，悠闲自得地在花
海上款款飞翔，轻捷欢快地在花丛中翩翩起舞。它尽情饱览着绚丽
夺目的迷人花色，贪婪地吮吸着沁人心脾的缕缕馨香。

沉，睡意袭来，手逐渐从石头上滑落，整个人慢慢走进了梦的怀抱。

梦中的庄子，化成了斑斓的蝴蝶，摆脱了沉重的肉身，忘记了自己，轻盈地翱翔起来。

此刻的庄子是蝴蝶，不是庄周。

它有一双宽大的翅膀，有着极其鲜奇的颜色，有着极其美丽的花纹，在微风拂嘘的花枝间轻轻扇动着。它感受着露水的清凉，感受着花朵的亲吻。它飞着，飞出了千亩的芬芳，飞出了万亩的欢喜。它想攀折一些花枝，以便清楚地看到这睡中的花，它把触须伸到花蕊的外面。露珠晶莹剔透，一颗一颗在草间滚，它就追赶着露珠快乐地嬉戏。累了就扑翅于树林绿叶间，歇歇脚，聆听清风吹拂林间发出的沙沙声。

它看见长腿蚱蜢的梦是绿色的，而自己的梦开始有一点发蓝。它看见石榴，石榴在做着红色的梦，梦着梦着就把自己变成了春天的新娘。它停留在一位少年的肩膀上，向他索要一枚青澄的、羞涩的爱情。它飞过高山，山更强大，把自己藏进更深的阴影，从此它爱上用云给自己染发。一会儿银白，一会儿墨黑，傍晚时又钟情于对着晚霞梳妆。

它看见了太阳，阳光照进它的眼睛，那是千千万万彩色的眼睛，抑或是闪着金光的鳞片？啊！那一定是梦的碎片，在光影里飘飞。空旷的地方是风，如果春光不是这么斑斓，如果晴空下，没有快乐的时光，可以轻舞飞扬，谁愿意将隐秘的梦幻，交给户外的春天，被陌生人悄悄看见。

它甚至有了关于从前的记忆，它从小小的虫卵，到幼虫，蠕动，到成茧，再到羽化成蝶。从不起眼到绚丽多姿，从受人鄙夷到艳惊四座，那是一种破茧而出的美丽。蜕变的过程，让它感受到了阵痛，身体微微震颤。梦里的痛语，到达不了现实，生下来，活下去，它在春天想表达一生……

庄子在阵痛中醒来，神态有些恍惚，丑石还在，花海还在，衣服还穿在身上，鞋子还穿在脚上，没有了梦中的烟霞，没有了梦中的触须。他突然发现，自己不是蝴蝶，而是庄周。

庄子梦中的蝴蝶也在做梦，它梦见自己变成了庄周。

此刻，它不是蝴蝶，它是庄周，它有了庄周的灵魂，它不复轻盈的姿态，它有了沉重的肉身。

他看到了广阔的北溟里有一条鱼，那鱼大得无边无际，在水面上起伏穿游，掀起了三千里的浪花。它在刻意躲避着人类的钓饵贪钩，躲避着蹲在会稽山垂钓的任公子。那鱼也在做梦，梦中成了一只硕大无朋的鹏鸟，有了轻盈的身姿。那鹏鸟也在做梦，它梦到飞翔，它的翅膀像漫天的云彩，乘着像羊角一样升腾的旋风扶摇直上，耳边掠过云气，背负青天，朝下观看，下面是蚂蚁一样的城郭，是喧闹的人间。

他去饮酒，高朋满座，觥筹交错，眼花耳热，酒醉后沉沉睡去。醒来后，他去打猎，麋鹿成群，鹰翼飞扬，箭矢如电，雁落云中。梦中的他，梦见自己在伤心痛哭，醒来后却发现根本不是那么回事。

梦中有梦。

他在梦中自问，他在梦中怀疑：

梦见饮酒作乐的人，醒后或许会遇到不如意的事而哭泣；梦见伤心痛哭的人，醒后或许会有一场打猎的快乐。当人在梦中，却不知道是在做梦。有时梦中还在做梦，醒了以后才知道是做梦，只有非常清醒的人，明白不觉醒的一生就像是一场大梦。可是愚人却自以为清醒，自以为什么都知道。我说你在做梦，也是在做梦。

世人互相称说这是我，然而哪里知道我所谓我果真不是我呢！像你梦作鸟在天空飞翔，梦作鱼在水底游玩。不知道现在谈话的我们，是醒着呢？还是做梦呢？忽然达到适意的境界而来不及笑出来，从内心自然地发出笑声而来不及事先安排。啊！听任自然的安排而顺应变化，就可进入寥远之处的纯一境界。

想明白了这一切的他，挣扎着从梦中醒来。

醒来的不是庄周，而是蝴蝶。

它扇动翅膀，恢复了飘飞的模样。它身在空中，下方是无边的花海，远方是宽阔的江河和耸立的高山。它心中暗自庆幸，幸亏自己没有变成灵魂沉重的人类，那个可笑的庄周究竟是谁？徒劳地让自己虚惊一场。

醒来的庄周在疑惑，究竟是我变成了蝴蝶，还是蝴蝶变成了我？

醒来的蝴蝶在疑惑，究竟是庄周变成了我，还是我变成了庄周？

人生不过一场大梦。

道在屎溺

    普通人喜欢听丝竹的演奏，庄子则喜欢听风。在原野中，在蒙泽河畔，庄子经常听见风的召唤。

    庄子去听风。

    你听过长风呼啸的声音吗？山陵中高下盘回的地方，百围大树上的窍穴，都是风吹过的地方。那些孔穴，有的像鼻子，有的像嘴巴，有的像耳朵，有的像柱头的方孔，有的像牛羊的圈栏，有的像舂米用的石臼，有的像深池，有的像浅洼。风从其中穿过，发出不同的声音。有的像湍水冲激的声音，有的像羽箭发射的声音，有的像呵斥的声音，有的像呼吸的声音，有的像叫喊的声音，有的像号哭的声音，有些像深谷发出的声音，有些像怨妇感叹的声音。前面的风声呜呜地唱着，后面的窍孔呼呼地和着。如果是微风，就轻轻地哼；如果是狂风，就高声地唱。大风吹过去了，所有的窍孔都空寂无声，只剩下草木还在轻轻摇动。

这种风吹过万窍的声音，庄子将其称之为天籁。

每当看到这一切，庄子总在想：在同样风力的吹拂之下，大树是大树的声音，小草是小草的声音，吹到水面是水面的声音，吹到山里是山里的声音，吹一棵树是一棵树的声音，吹一片林是一片林的声音——它们发出的声音，都是它们自己的声音。万物有万物的声音，但那个能让万物发出自己声音的，却不是万物，它不是具体的东西。我们的念头起起落落、来来去去，谁在感知这些念头？谁在发动这些念头？念头的起灭来去、喜怒哀乐，与"万窍怒号"不是很相似吗？谁在推动我们的喜怒哀乐？谁在推动人心的"万窍怒号"？尽管万物有各自的形态，有自己运行的轨迹，有自己的表现方式，但是那天地间的总导演是谁？

在天籁之中，庄子体悟到了"道"：

道本身，人们无法看见，但可以体悟。道是静默的，但这并不意味着道是不存在的。正相反，道无处不在。天地山川有雄奇壮阔的美景，自己却不公开地言说；四时轮回像法则那样明确，自己却不公开地议论；万事万物有遵循的法则，自己却不公开地宣扬。春夏秋冬产生了，万物生长起来了，花朵开放了，秋叶凋零了，水涣涣流淌了，小虫呢喃起来了，云朵悠悠，横亘古今……它们的背后，有一只"看不见的手"。这只"看不见的手"，既神秘，又具体。

庄子经常向周围的人讲起神秘的"道"，也经常有人拿庄子开玩笑。

一个扛着锄头走过的农夫，对着在大树下休息、仰望天空的庄子说："庄周，你所说的道，究竟长什么模样？究竟是个什么东西？"

这的确是一个难以回答的问题，庄子略微沉吟，道："您所提的问题的确是非常高深！先师老子说，道这种东西，实在是恍惚不明而难以言状。然而，其恍惚之中却有可以感觉到的物象出现，其仿佛之间则有确确实实的具体物状存在。于幽深曲折之中，又处处体现出'道'的功用。并且它的功用都非常真切，确实可信而毫无虚妄。从古至今，道一直都确定无疑地存在着，并且经历了世间万物自始至终的发展变化。天地万物莫不由之而始，亦莫不由之而成。我们何以认识和了解这个道呢？就是根据这些天地万物生长变化的情况及其所反映出的规律。"

农夫并不满意，略带嘲讽地说："说了半天，你只是说道如何伟大，如何无处不在，还是没有说清楚道是什么东西。我每天日出而作，日落而息，怎么就没有看见道在哪里呢？我春天种下种子，夏天看见禾苗生长，秋天看见庄稼成熟，冬天看见万物死去。如你所说，在天地万物生长变化之中，都能看见道的存在，那么道是什么？"

庄子道："你始终在追问道是什么，我不是告诉你'道'难以言状吗？如果你一定要眼见为实，那我实在是无法回答你的问题了。"

农夫放下手中的锄头，耸耸肩膀道："我们庄户人只认实在的东西，至于你所说的什么'道'，既然无法看见，你也没有办法描述，那我只能认为它不存在了！”

说罢，农夫扛起锄头就走。

“您说的不对！乡邻，让我们再谈谈。”庄子道。

然而，农夫早已经没了踪影。

庄子摇摇头，无奈地笑了笑，他碰到类似的情况已经不是第一次了。

庄子虽然经常徜徉于原野，去听风的声音；也经常躺在大树下，仰望天空的浮云；但是他毕竟不能每天总是这样逍遥，为了生计，他不得不偶尔到城内的集市上贩卖草鞋，赚一点钱，来维持日常生活的基本开销。

有一天，庄子来到了蒙邑东城的集市，找了一块空场，放下担子，取出草鞋放在地上，摆了一个小摊。人群走过，但庄子并不叫卖。想买的人自然会停留，不想买的人劝之也无益，庄子便一任自然，当然收入也就非常有限，过了半天，钱囊之内也没有几枚铜钱。

集市之内，一位长身鹤立、骨相清癯、右手扶杖的老者从远处而来。他年纪约六十岁左右，头

有一天，庄子来到了蒙邑东城的集市，找了一块空场，放下担子，取出担子内的草鞋放在地上，摆了一个小摊。人群走过，但庄子并不叫卖。想买的人自然会停留，不想买的人劝之也无益，庄子便一任自然，当然收入也就非常有限，过了半天，钱囊之内也没有几枚铜钱。

集市之内，一位长身鹤立、骨相清癯、右手扶杖的老者从远处而来。他年纪约在六十岁左右，头戴箬笠，身穿葛袍，脚踏一双棕鞋，腰束宽带，白发长须，仙风道骨，精神矍铄。

戴箬笠，身穿葛袍，脚踏棕鞋，腰束宽带，白发长须，仙风道骨，精神矍铄。

这老者，人们不知其名姓，只是因为他居住在东城一带，所以人们称他为东郭子。东郭子是宋国的隐者，本是商丘一位非常有学问的人。他眼见天下大乱，沧海横流，已经到了无法收拾的地步，谁也无法改变，于是便避居东城，颐养天年。

行至庄子的面前时，东郭子原来疾行的步伐突然慢了下来。他回头上下打量了一下这个卖草鞋的中年人：集市间早已是人声鼎沸，但这个中年人却如在静室。众人都在奋力地叫卖，这个中年人却连一声吆喝都没有。他面容枯黄，显出营养不良的模样，但是目光平和，没有生意人的焦虑，没有奔波劳碌的疲惫之色。他坐在一块圆形的草垫上，双腿松松垮垮地分开，好像簸箕一样，没有丝毫的端庄可言。此刻，他正坐在青苔滋蔓的城墙脚下眯着眼睛晒太阳，眼神偶尔停留在从他身边爬过的蚂蚁身上。

老者早就听说，蒙城的东市来了一位名叫庄周的人物，据说此人不治产业，终日里垂钓蒙泽，日暮黄昏拎着鱼篓而归。虽然家徒四壁，食不果腹，但他除去偶尔外出贩卖草鞋糊口之外，似乎并没有其他的营生。另外，他还听说，庄周无论与何人对坐，总是一副松松垮垮、双腿如同簸箕的模样，根本不把世间的礼法放在眼里。老者还听说庄周通晓各种学问，也从别人那里听说过他讲的各种奇谈怪论。他还听说庄周尊崇老子，以老子为师，与"道"为伴，将"道"奉为宇宙间的最高法则。人们都说，庄周认为天下混乱，终身不肯做官。这一点，与东郭子很像。

眼前这个人，莫非就是庄周吗？

念及此，老者朗声问道："呵，您就是人们常说的庄周先生吧？"

"不敢，不敢，在下便是。"

庄子一边起身拱手相答，一边却在肚子里嘀咕：这老先生没见过面，却开口相问，不知有什么事。

东郭子见庄子面带疑惑，便手捻胡须，说明缘故道："庄周先生不必见疑！我隐居东城，人们都称呼我为东郭子。我常听人们说起您的言行，与我有几分相像，所以对您一直很关注，只是无缘见面。

"我素来听说您崇信'道'，您常常对人们说你的那个'道'，恍恍惚惚的，看又看不见，摸又摸不着，它究竟在哪里呢？老夫我想了几年也没弄明白，往往是刚要想通的时候忽然又变得糊涂起来了。今天尊驾在此，鄙人不揣冒昧，向您讨教。"

"岂敢！岂敢！老先生您太客气了！"

庄子很客气地又拱了拱手，随后娓娓道来。

"我所常说的'道'，虽然如先师老子所说，是恍恍惚惚、迷迷茫茫、不可言说的，但其实却是无所不在、遍地皆有的。如果不这样，那么'道'就不成其为'道'了！"

"原来如此！不过请原谅我见识短浅，你言语玄妙，我未能领会其中的真意，您能不能具体地给我指点指点？"

"拣近的说，就在蝼蛄和蚂蚁的身上。"

庄子指指对方脚下爬过的蚂蚁。

"不可能吧？在这样低下的东西身上，怎么能有'道'呢？"

东郭子吃了一惊。

"不瞒您说，即便是田野间丛生、干瘪的稗子里也有。"

庄子淡然一笑。

"嗯？怎么在比蝼蚁更加低微的东西中也有'道'呢？"

东郭子一脸迷惘。

"实话相告，甚至在残砖断瓦之间也有'道'。"

庄子依然不动声色。

东郭子惊讶得几乎跳了起来，在那里兀自言语："说蝼蚁尚且会爬行移动，稗子在田里肆意生长，如果说二者还有一些生命之'道'，那么我还能勉强同意。但是，您所说的残砖断瓦没有生命，没有意识，没有心灵，如何能说其中有'道'呢？"

"恕我直言，就连屎尿之中也有'道'的存在！"

庄子正色道。

东郭子不再作声，他以为庄子这话是在调笑捉弄自己，脸上隐隐有了平日难见的愤怒之色。

庄子见东郭子突然缄口不言，心下已经知道他有了怒气，于是微笑解释道："请老先生切勿怪罪！庄周所言，绝不是以污言秽语与老先生调笑。如果老先生真是那样认为，实在是误解了庄周的意思。我说屎尿中有'道'，并不是说屎尿就是'道'本身，我的意思是说通过屎尿也能反映出'道'的存在。以马粪为例，当今天下列国争雄，战马横行，不用说厮杀的战场，即便是各国的都邑、田间、山谷、河畔，都可以看到马粪。有朝一日，战事停歇，天下太平，这些战马不再是厮杀的工具，而是从战马变成农马，从战力变成畜力，那么这些马儿将可以将粪便排泄到田野里，而不是乱七八糟地撒在战场上。如此，在马的粪便上，便可以看出天下太平的征兆了。先师老子说'天下有道，却走马以粪'，意思正是如此。

"再说到那残砖断瓦。您说残砖断瓦之中没有'道'，恐怕未必如此。依我看来，有往昔才会有今日，万物都在变化，天道无常，人世有盛有衰，自然界有生有灭。衰败往往从兴盛而来，寂灭往往从勃勃生机转化而成。谁能说今天坟墓中的累累白骨，不是昨日的锦衣玉食的富贵公子、蟠首蛾眉的俏丽佳人？谁能说今天夕阳残照下的残砖断瓦，不是昨天雕梁画栋的舞榭歌台？谁能说今天枯槁的树木，不是昨天的玉树琼枝？谁能说今天田野间的燐燐鬼火，不是昨天室内的耀眼烛光？谁能说今天的陆地平原，不是昨天的高岸深谷？人间起伏盈虚的变化，不正是反映了一种深刻的'道'吗？残砖断瓦何尝不是如此？

"虽然'道'本身不是蝼蚁，不是稗草，不是残砖断瓦，不是屎尿，但'道'如同幽灵，恍恍惚惚地依附在万物身上，什么也无从逃避。老子曾说：'道之为物，惟恍惟惚。惚兮恍兮，其中有象；恍兮惚兮，其中有物。'意思是说，道虽然是恍恍惚惚难以言明的，但究竟还是通过具体的形象和物质来显现的。"

庄子这一番话信口而出，似行云流水，一泻千里，痛快淋漓，东郭子听得频频点头，如醍醐灌顶，连连称是。庄子略略顿了顿，又说道："老丈，我想，咱们没见面之前，恐怕您一定以为'道'是高高在上，清气飘逸，一尘不染的。对不对？这也难怪，因为'道'先于天地而生，能不尊贵吗？'道'光辉灿烂，庄严伟大，就像高挂在天上的太阳一样，宇宙间没有一件东西不受道的光芒的滋润，就如同阳光普照万物一样。但是，'道'对万物一视同仁，在'道'的世界里，没有美丑、善恶、贫富、高低、上下之分，它们虽然各不相同，但是都共同地反映着'道'的存在。屎尿在世人的眼中，是肮脏不堪的东西，人们所认为的高贵的'道'又岂会存身其中？但是，若以'道'的眼光来看，这其实是大错特错了！万物本没有分别，它们都是'道'的显现和见证。"

听到这里，东郭子连连拱手，不胜佩服地说："听君一席话，胜读十年书。老夫已经六十岁了，自以为已经了解了'道'的真意。然而，没想到今天在您这里听到了这样通达深刻的道理，真是后生可畏啊！"

庄子不好意思地笑了，向着老者深鞠一躬。

"老丈，您这话可是溢美之词了！世间能真懂我庄周之人，实在是少之又少。我本不指望您能听懂我所说，因此一开口我也故意将'道'说得如此惊世骇俗，使人听了毛骨悚然。如果无心于'道'之人，自然就会闻之而走。但不想您虚心求教，倒是让我感到惭愧了！其实，我本来可以将'道'说得崇高一些，这样您无论如何也不会奇怪而怪罪庄某了，而且会觉得'道'是那样的神圣庄严、令人膜拜。但我想，那并非'道'的全部，所以就说了如上的话。

"另外，我之所以说屎尿当中也有'道'的存在，还有另外一层用意。据说在东市的市场上，一位市场的小官吏问屠夫怎样辨别猪的肥瘦。那屠夫回答说：'在买猪时我往往用脚踩住猪腿，如果猪腿有弹性、肥厚多膘，那么这肯定是一头肥猪。因为猪的腿脚最难生得肥了，倘若猪腿很丰腴，那么其他地方就不必说了，这头猪一定生得膘肥体壮。'

"这当然是一个简单的比喻。但实际上，就如同屠夫一旦知道猪身体最下方的猪腿丰腴多肉，便可以判断猪身体的其他部分一定肥美一样，我们一旦知道了屎尿这样卑下的东西中也有'道'的存在，那么其他比屎尿更高级的东西中存在'道'就是毫无疑问的了。换句话说，既然在蝼蚁、稗子、残砖断瓦、屎尿之间都有'道'的存在，那么天地间还有什么东西里能没有'道'的存在呢？'道'真是无所不在、遍地皆是啊！

"如上一番粗鄙的言语，实则包含苦心，不周之处，还请老丈恕罪！现在时候已经不早，看来草鞋是卖不出去了，庄周还要到蒙泽钓些鱼来，否则家中妻儿恐怕要挨饿了。在此向老丈告辞，后会有期！"

庄子说完，与东郭子相互告别，挑着草鞋，悠然而去。

庖丁解牛

魏惠王的后期，身体日渐显出衰老，眉宇间皱纹日渐增长，精力不再像以前那样旺盛。魏惠王内心虽然还有重振魏国霸业的雄心，但自己的身体却开始走了下坡路。于是，魏惠王逐渐淡忘了那图强称霸之心，转而开始思考养生的问题。他听说庄子师从老子，以养性全真作为自己的追求，对延年益寿之法颇有研究。尽管庄子以前曾经将自己比喻为桀、纣，两人闹得不欢而散，惠子也弄得十分尴尬，然而想到自己日渐衰老的身体，他内心有了突然想见庄周一面的想法。

此刻，庄周正在惠子的陪同下，在魏国的首都大梁城闲游。等到惠子与庄子回到相府，就接到国君的传召，要求庄子觐见。拗不过老朋友的恳求，庄子只能答应惠子去见魏惠王一面。

再次见到魏惠王，魏惠王再没有十年之前初见庄子时那种志得意满的高傲神态，而是垂垂老矣，带着一脸的疲惫与懈怠。十年之间，魏惠王居然变成了这副模样！庄子心内，生出一丝怜悯。所谓的霸业，所谓的王位，对魏惠王而言，马上就要变成云烟。与人的生命相比，这些又算什么呢？魏惠王日夜思虑，昼夜劳作，勤于政事，与其他诸侯国勾心斗角，耍阴谋，用诡诈，耗费了无尽的心力，完全违背了自然的天性，导致如今油尽灯枯的模样，岂不可悲？

庄周躬身施礼，俯首道："不才之人庄周，参见大王！"

魏惠王手扶庄周，柔声道："十年前，先生比寡人为桀、纣，抛弃寡人而去。不想十年之后，寡人与先生重见于庙堂之上。寡人今日垂垂老矣，行将就木，那图霸之心如今十分已经淡去了八分。寡人想到人生天地之间，好比沧海一粟，万事转眼成空，不由得想起当初先生逍遥养生之论，如今悔之晚矣！"

庄子道："鲁国孔子说：'朝闻道，夕死可矣。'大王如今醒悟，犹未为晚。大王如果能熄灭那争霸之心，止息那勾心斗角之意，仍然可以再萌生意，必得长寿。"

魏惠王安排庄子坐下，欣喜道："还请先生教我。"

言罢，示意手下人罗列酒宴。

在罗列酒宴的人中，庄子看到了一名厨师。那厨师，正是魏国有名的庖丁。

话说魏惠王手下有一位名叫丁的厨师，宰牛的本领十分高妙。厨师在古代也称作"庖"，所以大家也称他"庖丁"。

看庖丁宰牛，是一种享受。在大梁城内，庄子亲眼看过庖丁宰牛。那庖丁宰牛神乎其技，手所接触的地方，肩膀所靠着的地方，脚所踩着的地方，膝盖所顶着的地方，都发出皮骨相离的声音。魏惠王看着庖丁和着剔骨声的舞刀动作，就如同欣赏一位舞者和着音乐的韵律在翩然起舞一般。"一曲舞蹈"终了，只见之前的一整头牛变成了齐整的三份：一份全是干干净净的骨头，一份全是牛筋，一份全是牛肉。据说魏惠王看后，赞叹不已。

庄子善于讲故事，往往用寓言说明深奥的道理，但因为他讲的故事过于玄虚夸张离奇，人们总觉得庄子有离题万里之嫌。现在，庄子打算改变策略，用魏惠王身边的故事，来讲述他自己关于养生的观点。

庄子道："我听说大王手下有一位叫庖丁的厨师，有这回事吗？"

魏惠王答道："确有其事！此人的宰牛本领在魏国无出其右。"

庄子道："那好！庄周就以庖丁宰牛这件事，来为大王说一说养生的法门。

"据说大王曾经当面称赞过庖丁的宰牛技艺，但庖丁似乎并不以为然，有这回事吗？"

"有。"

在庄子的引领下，魏惠王回忆起了庖丁宰牛当天的事情。

魏惠王在观赏了庖丁神乎其技的技艺后，曾经感叹地说："厉害啊！你的技艺已经到达了这样的地步吗？"

然而，庖丁对于这种赞美颇不以为然，放下刀答道："臣所爱好的是道啊！早已超过宰牛的技术本身了。

"臣当初宰牛时，满眼都是牛，实在无处下刀。但经过三年以后，熟知牛身上的窍穴间隙，迎刃而解，可说是目无全牛了。现在，我已经不需要用眼睛去看了，只是用自己的心神去指挥自己的动作。我顺着牛身上天然的组织结构，劈开筋骨间大的空隙，再引向骨节间大的空隙，顺着牛体本来的结构用刀。因而，就是细小的支脉、经脉以及纠缠的骨肉连接之处，都未曾一试刀锋，更何况是坚硬的大骨头呢？

"试看那些号称好厨师的，为什么一年须换一把刀？就因为他以刀割肉，自然就把刀用钝了。试看那一般的厨师，为什么一月须换一把刀？就因他用刀折骨，自然就把刀弄坏了。

"至于现在我的这把刀，已使用十九年了，宰过数千头牛了，但是刀的锋刃，还像刚从磨石上磨出来一样。之所以这样，就因牛身的骨节是有间隙的，而刀的锋刃是无厚的，以无厚的刀刃，插入有间隙的牛身，则游刃其中，自然绰绰乎有余地了。所以，这把刀虽用了十九年，依然还像刚从磨石上磨出来的新刀一样。

"虽然我现在是造诣如此，但当功力尚未成熟的时候，每遇到盘根错节之处，我也视为不易处理，不敢鲁莽从事，只能全神贯注，小心翼翼，不得不慢慢动手。等到此种功夫做到了，也可说是得心应手了，然后稍一动刀，牛肉哗的一声与筋骨截然分开，像一摊泥土一样堆积在地上，丝毫看不出用刀的痕迹。每到这时，我就像欣赏一件艺术品一样，提刀而立，顾盼自豪，得意扬扬，满足感和成就感油然而生。最后，我会将刀擦净藏起，而不肯轻用其锋。"

魏惠王啧啧称赞，深深被庖丁的一番言论折服。

现在，在庄子的引导下，魏惠王将整个"庖丁解牛"的故事重温了一遍。

魏惠王发问道："先生重提旧事，有什么言外之意呢？"

庄子笑道："大王竟尚未领悟！依庄周看来，庖丁解牛的过程就隐藏着深刻的养生之道啊！庖丁的刀在使用时，从不割肉、砍骨头，而是依循牛本身的规律解开牛的身体，这样杀牛刀的寿命就长久。杀牛刀好比是人的身体，身体在使用过程中，要避免各种伤害，顺应自然的变化与发展，不勉强硬碰，这样便可以保全生命，保全天性，存养精神，尽享天年。"

魏惠王惊愕，抚掌道："寡人惭愧！竟然没有觉察到先生的言外之意。好啊！我听了你这番议论，也悟得养生之道了！"

庄子道："恭喜大王领会了养生的要旨！但是，其实养生之道还不仅仅如此！"

魏惠王道："请先生进一步为寡人讲一讲！"

庄子说："养生之道，一要遵循自然之理，顺天性而为，不强行地以人的行为干预自然的进程。另外，一个人如果想求得养生之道，还要尽力避免机巧之心。这一点虽然与遵循自然之道同理，但是又有不同，请庄周试为大王说一说。"

接下来，庄子又讲了另外一个故事。

孔子的弟子子贡到楚国游学，返回的路上经过汉水，见到一位老人在侍弄菜园，他挖了一条地道通到井中，脚踩着井壁上的台阶，来回上下用水罐取水，抱着水罐来灌溉，用力多而见效少。

　　子贡对他说："老人家！如果有一种机械，每天可以浇灌上百畦菜园，用力很少而见效显著，您老人家不想试试吗？"

　　种菜的老人仰起头看了看他说："那又怎么样呢？"

　　子贡说："我听说，用木料凿制成一种机械，那机械后重前轻，提水就像从井中抽出一样，快速得如同沸腾的水从锅内向外涌出一样，这种机械的名字叫'桔槔'。"

　　种菜的老人脸上露出生气的样子，冷笑了一声，说："小友！我听我的老师说：有了机械之类的东西，就必然有机巧之类的事发生；有了机巧之类的事，就必然产生机变之心。有了机变之心，心地的纯洁就不具备了；心地的纯洁不具备了，就心神不定；心神不定，大道就不能存留了；大道不能存留，人的形体也就逐渐败坏了。我难道不知道那种叫做桔槔的机械？只不过是感到羞耻而不用罢了。"

子贡听了这话，羞愧满面，低着头说不出话来。

过了一会，种菜的老人问道："小友，你是做什么的？"

子贡答："鄙人不才，我是孔丘的弟子。"

种菜老人说："喔！孔丘，不就是那个学富五车，自比圣人，遵行周礼，经常以夸张怪诞的言论眩惑人们耳目，独自弹琴歌唱，哀叹人世，向天下邀取名声的人吗？然而，他自身都不能修养好，怎么敢说自己还有闲暇治理天下呢？

"当今天下混乱，好比滔滔的江河之水，恣肆横溢。但你看那些所谓的有才德之人，哪个将天下治理好了？愚蠢的人，驰骋自己的智谋，动用机巧之心，认为可以干预天下，但不想却最终落得一副丧家之犬的模样。这对于孔丘的身心，有何益处？

"孔丘比拟自己为凤凰，但是如果今天孔丘在此，我却不免要对他唱道：凤凰啊！凤凰啊！为什么你的德行竟如此衰败？已往的事情不可挽回，未来的事物还来得及。算了吧！算了吧！眼下从政的人都很危险了！

"小友！你不要再劝老夫去用什么桔槔，我甘愿抱瓮取水，保持一颗天真自然之心，以保持我的天性不受到机巧之心伤害。请你快走吧！不要耽误了老夫灌园！"

老人说罢，不再理会子贡，抱着水罐取水去了。

子贡深感惭愧，失去常态，闷闷不乐地走了三十里，心里才平和下来。

听庄子讲完故事，魏惠王内心深觉惊悚。

他知道，庄子所讲的故事未必是真的，子贡是孔子著名的弟子，曾经奔走于列国，与诸侯分庭抗礼，闻名于各个诸侯国，若子贡真有此等事情，他魏惠王怎会不知？但是，庄子所讲故事所蕴含的道理，却是真实可信的。他想起了自己在魏国经营多年，与秦国、齐国、赵国国君打交道的历史——哪一次不是费心劳力，身心疲惫，弄得自己的身体到了如今这副模样。

魏惠王对庄子点头道："先生所言甚是！但寡

人既为魏国国君，怎敢不尽心尽力治理国家？所以，先生的话虽然是至理名言，发人深省，但奈何寡人居此大位，身不由己啊！

"敢问先生，除此之外，是否还有其他方法可以养生呢？"

庄子微微笑道："君王宝位，大王爱惜，乃在情理之中，但请大王在平常政事中能尽量保持一颗自然之心即可。凡事不能尽善尽美，若让大王像庄周一样成为一个散人，这显然是不可能的！

"如果退而求其次，从大王的实际出发，从大王能做到的去考虑，庄周认为有以下几点可以考虑。

"大王对孟子很熟悉。我听说，孟子在见齐宣王的时候，齐宣王对孟子说：'寡人有一个毛病，寡人好色。'其实，美味、美色是大部分人都想得到的东西。对于君王而言，因为这些东西唾手可得，所以也就更容易沉溺其中，不能自拔。久而久之，不只是朝政荒废，就连身体也被弄坏了。

"先师老子说：缤纷的色彩，使人眼花缭乱；嘈杂的音调，使人听觉失灵；丰盛的食物，使人舌不知味；纵情狩猎，使人心情放荡发狂；稀有的物品，使人行为不轨。因此，圣人但求吃饱肚子而不追逐声色犬马，所以摒弃物欲的诱惑，才能保持安定知足的生活方式。

"我听说，孟子曾对您讲：'厨房里有肥嫩的肉，马棚里有肥壮的马，可是老百姓面带饥色，野外有饿死的尸体，这如同率领着野兽来吃人啊！'其实，您目前治国理政的方式，不仅对百姓不利，对您自己也没有丝毫的益处。自然的法则，是损减有余来补充不足。人类社会世俗的做法却不然，而是损减贫穷不足来供奉富贵有余。您目前的所作所为，恰恰是违反了天道啊！庄周听说，违反天道而能寿命长久，这是不符合常理的。况且，集中天下的美色、美味来服务您一人，这种过度的享受，您的身体能吃得消吗？"

魏惠王听了庄子的一番话，看看正在台下歌舞的舞姬，看看正在演奏丝竹的乐工，不禁笑道："从前，我国的先君魏文侯师从孔子的弟子子夏，子夏当时劝谏先君，让他多听端庄典雅的古乐，少听妖冶放荡的流行乐曲，认为流行乐曲会损害君王的德行。如今看来，不仅是流行的乐曲，即便是古乐听得过多，也会伤害人的精神、减损人的寿命。先生之言，深得寡人之心！"

庄子道："大王！实不相瞒，庄周对丝竹之乐并不感兴趣。庄周闲暇之时，愿意走入山林，听一听原野之中风呼啸的声音，听一听雨降雪落的声音，听一听江河流水的声音。我个人认为，这些天籁之声，要远远胜过大王的宫廷之乐。"

魏惠王笑道："寡人不能免俗，先生的高雅趣味，是我所不能体会的。但是，我愿意遵从先生之言，减少耳目之娱、口腹之欲，但愿能够达到养生的目的吧！"

庄子起身拱手道："如此！则大王幸甚！魏国幸甚！"

听闻庄子此言，魏国其他陪同宴饮的群臣也全都起身肃立，同声道："大王幸甚！魏国幸甚！"

与庄子此次会面后，魏惠王果真减少了宫廷之乐，在饮食方面也做到了节制有度，享寿八十有二而终。

鼓盆而歌

五十七岁时，庄子的妻子死了。

那一天，天空飘满了黄色的树叶，灵堂内白色的幔帐在风中飞舞，周围都是前来吊唁的村民。庄子的儿子身披重孝，在一旁向众人答礼。此时，庄子妻子的脸上丧失了往日鲜活的颜色，白发像杂草一样散披在她那衰老的头颅上。贫贱夫妻百事哀，庄子一生贫穷，在辞去漆园吏的职务以后，他一直靠卖草鞋为生，穷居陋巷，收入微薄，果腹为难，逼不得已还曾经向监河侯借贷。在庄子的记忆里，妻子跟着自己没有过一天好日子，一直都在为生计奔波。如果没有妻子的操劳，庄子真不知道自己将如何度日。如今妻子突然离去，庄子内心一片空白，颓坐一隅，若有所失，茫然不知所之，与众人不搭一言。

　　远在魏国的惠子也听到了庄子妻子去世的消息。庄周是他多年的好友，如今好友之妻过世，自然应该表示一下悼念。想到这里，他便连夜从魏国赶到宋国，想要尽快到蒙邑去安慰一下庄周。因此，他便立刻起身从魏都出发直奔商丘而来。庄子所在的蒙邑离商丘不远，惠子一日间便从商丘到达了蒙邑。在惠子的想象里，庄子固然一生通达，蔑视礼法，但此刻老妻亡故，即便再通达之人恐怕也难免锥心之痛，庄周遵循一般的礼法，为妻子举行最后的丧仪，临尸一哭是免不了的。在惠子的脑海里，他仿佛已经看到了庄子痛不欲生的模样。

　　然而，当惠子风尘仆仆地赶到蒙邑庄子家中时，眼前的景象却让他大吃一惊。

　　庄周并没有因为妻子的过世而哀恸伤心，他席地而坐，岔开两腿，如同簸箕，手里拿着一根木棍，一边敲击着瓦盆，一边高声歌唱：

　　　　寂兮寥兮，元气蒙蒙。（寂静而空虚啊！

然而，当惠子风尘仆仆地赶到蒙邑庄子家中时，眼前的景象却让他大吃一惊。

庄周并没有因为妻子的过世而哀恸伤心，他席地而坐，岔开两腿，如同簸箕，手里拿着一根木棍，一边敲击着瓦盆，一边高声歌唱：

寂兮寥兮，元气蒙蒙。（寂静而空虚啊！元气四溢，蒙蒙无际。）

阴阳初判，人实参兮。（阴阳两仪分开啊！人与之并立为三。）

大道泛兮，四时更迭。（大道泛滥周流啊！春夏秋冬在更迭。）

……

元气四溢，蒙蒙无际。）

阴阳初判，人实参兮。（阴阳两仪分开啊！人与之并立为三。）

大道泛兮，四时更迭。（大道泛滥周流啊！春夏秋冬在更迭。）

死生若环，各正命兮。（死生像循环一样啊！人们各安天命。）

得若丧兮，丧兮若得。（得到了像失去一样啊！失去了又像得到一样。）

谁与我游兮，吾谁与从？（谁能随我一起去遨游啊！我又能跟随谁啊。）

渺渺茫茫兮，归彼大荒。（渺渺茫茫的死亡之途啊！向那大荒归去。）

面对着不近人情的庄子，惠子不禁愤怒了，忿然作色道："老朋友！你的妻子和你一起生活，生儿育女，劳碌奔忙，气色渐变，容颜衰老，最后身死。你们共同生活这么多年，你不哭，已很不对了；反而鼓盆而歌，不是太过分了吗？"

庄子仰天长叹一声，放下手中的瓦盆，站起身来，对着惠子一揖到地，随后指着妻子的棺椁正色道："惠施兄！她刚死时，我怎么能不伤心悲痛呢？可是，仔细想一想，人是怎样来到这世上，又是怎样离开这个世界的呢？原来是由'气'，气聚成形，气散而死，就像春夏秋冬四季运行一样。简单说来，生命就是气的凝结，死亡便是气的消散。人之生，乃是气之聚；人之死，乃是气之散。聚则为生，散则为死。气之聚散，犹如风云之聚散。一阵风来，你有何喜？一阵风去，你有何悲？生命就如这风云之聚散，所以，生不足以喜，死不足以悲。这便是生命的道理。现在，人的形体已死，又将变成'气'，重新回到大自然中去。因此，生老病死是很自然的事，所以我鼓盆而歌，以欢送我的妻子重新回归大自然。如果我再号啕哭泣，反而显得我不通达生命的道理了。"

惠子道："依照你所说的，是不是人就不需要感情了？是不是妻子死时就不需要悲哀了？"

庄子答道："是这样。"

惠子愤愤："人假如没有感情，还叫人吗？"

庄子回答说："大道给他容貌，自然给他形

体，怎么能不把他叫做人呢？"

惠子说："既然叫人，为什么会没有感情？"

庄子回答说："这不是我所说的感情，我所说的感情，是说人不要以喜好和厌恶伤害自己的身心，要一贯地顺乎自然，而不是要人为添加些什么。我所说的情，是天地之情；你所说的情，是人之情。"

惠子说："你这是在为自己的无情找借口！"

庄子回答说："我的意思是，大道给人以容貌，自然给人以形体，不要以喜好和厌恶伤害自己的身心。现在，你驰骋你的心神，耗费着你的精力；你倚在树边吟咏，靠着几案苦思冥想，自然选择了你的形体，你却每天耗费心神于辩论，这难道是合理的吗？"

惠子道："这一点姑且放下不论。照你前面所说，人死重新变为气，回归茫茫大荒，亡嫂死后一定比活着之时安乐吗？"

庄子反问道："那么，你怎么知道死去一定比活着的时候要痛苦呢？"

惠子不知如何回答，直直地看着庄子。

庄周叹息道："惠兄啊！我看你是越活越糊涂了。你怎么知道热爱生命不是一种迷惑呢？你怎么知道害怕死亡不是像浪迹天涯的游子不愿回归故乡一样呢？你肯定听过骊姬的故事吧？"

惠施摇了摇头说："我没有听过，愿闻其详！"

庄周缓缓说道："骊姬是骊戎国边境看守的女儿，每天过着十分平淡的生活。直到晋献公讨伐骊戎国，晋献公的大将抢走了骊姬，准备献给晋国国君。骊姬被抢的时候，坐在马车上痛哭流涕，衣襟都湿透了。可是当她与晋国国君睡在柔软华丽的床上，吃着山珍海味时，才后悔自己当初不该哭泣。那些已经死去的人，是不是有可能就像骊姬一样？死亡是不是有可能就像晋国的富贵一样？所以，你怎么能够知道那些死去的人，在死后不会后悔自己当初贪生怕死呢？"

惠子实在没有话再去回答庄子，他最后争辩道："即便你所说的都是对的，那么在亡嫂最后的时刻，也应该履行一下丧礼的礼节吧？"

庄子道："惠施兄！亏得你我相知多年，没想到你对庄周的理解还是这样浅薄！礼法岂是为我辈所设置的呢？让我给你讲一则故事，来说明我对死亡和丧礼的理解吧！"

接下来，庄子给惠子讲了一个有关于死亡的故事。

话说在鲁国，子桑户、孟子反、子琴张三人都是曲阜城内的"异类"，三人行事不拘礼法，经常遭到自命为"礼法之士"的鲁国人的白眼。但是三人往往一笑而过，懒得去理会这些"俗人"，他们不屑与之纠缠。

三人本不相识，但一次偶然的相遇，却让三人成了朋友。

鲁国遵行周礼，每年都要举行"乡饮酒礼"。所谓的"乡饮酒礼"，是指鲁国城邑的乡大夫每三年就要举行一次盛大的酒宴，款待那些年老之人和一乡之中的贤者。"乡饮酒礼"的宴会场合当然是盛大的，但是按照对德行道艺的评价标准，子桑户、孟子反、子琴张三人当然不在被邀请之列。然而，他们还是在路过宴会举行地点的时候，被围观乡饮酒礼的人群簇拥到了一起。三人看不惯"乡饮酒礼"这种充满形式的礼仪，奋力从人群中突围而出。

"突出重围"的只有他们三人，把这里视作"重围"的也只有他们三人。

三人从人群中挤出来后，拍拍身上的尘土，方才起身准备离开，却不经意地看到了对方——他是什么人？怎么也与我一样不喜欢那鞠躬如仪的场合吗？偶然的相遇，电光石火之间，他们突然感觉到对方似乎都有一种出尘的气质：容貌瑰杰，志气宏放，傲然自得，宽袍大袖，衣袂飘飘，一副凡事不拘泥于行迹、不执着于是非对错的样子。直觉告诉他们，他们好像是一类人，好像可以成为莫逆之交。

于是，他们决意相互试探一下对方。

子桑户问道："请问二位，人世间有谁相交而出于无心？"

孟子反稍稍沉吟，便道："阁下的问题非常有趣，我也想问二位一个问题：有谁相助别人，却不着形迹？"

子琴张没有接过二人的问题，他也提了一个问题，笑着缓缓道："两位都问完了，轮到我了，我的问题稍稍复杂一点：有谁能超然于物外，遨游于无限之中？有谁能够忘了生死，而让自己的生命没有穷极？"

三人相视而笑，心有灵犀，瞬间成为莫逆之交。

神奇吗？当然神奇。奇怪吗？也不奇怪。

三人心中都明了：一个人从什么样的角度提出问题，能问出什么样的问题，本身就标志着他能到达到什么样的境界。至于答案，可能倒不是最重要的了。在面对他人的问题时，常人可能更倾向于获得一个明确的答案。但是，三个人内心都清楚，在这场对话中，答案其实已经隐含在问题之中了。子桑户明白，孟子反明白，子琴张也明白，他们就是那个相交而出于无心的人，他们就是相助别人却不着痕迹的人，他们都是能超然物外忘却生死的人。这时，他们还需要多余的言语吗？内心相契，一个微笑就够了。

从此后，三人为伴，或登山临水经日忘归，或闭户读书累月不出，或浩歌于长河之畔，或濯足于万里川流，遍访丘壑，把酒渔樵，弹琴复长啸，诗成更吟哦。三人真个做到了人世沧桑不入于眼，物换星移，日月经天，江河行地，冉冉不知老之将至。

世间好物不坚牢，彩虹易散琉璃脆。形同莫逆的三人组合，突然之间被死亡拆散。子桑户突然身染重病，溘然长逝。子桑户没有其他的亲人和朋友，所以他的丧事还是由子琴张和孟子反操办的。

子桑户应该怎样下葬呢？

鲁国是礼乐之邦，向来注重礼法教化，一切都依礼而行：婚姻有婚礼，成人有加冠礼，饮酒有饮酒礼，射箭有射礼，士人相见有士相见礼，日常生活中的琐屑事物有曲礼……

人死，则有丧礼。

在鲁国，"丧礼"有一大套复杂、烦琐的规定，它是一套外在于人、强制于人的规程：你正痛不欲生，想放声一哭，不行，还没到哭的时候；你正悲情稍歇，不行，现在该大哭了；你正黯然神伤，不行，该向吊客行礼了。折腾来折腾去，你那自然涌出的真情都消失无形，剩下的只有一身疲惫、一腔无法正常表达的感情。真正的礼，应该让人顺乎自然地发自内心地哀悼，而不是矫情地表演。更何况，对于子桑户他们而言，死亡也未必是一件坏事。

总之，丧礼的一切繁文缛节，让子琴张和孟子反感到厌倦。

子琴张对孟子反说："如果我们的朋友在天有灵，他会让我们怎样处理他的后事呢？"

孟子反道："我想，子桑户肯定不会像我们的国人一样希望自己死后哀荣备至，让人们在他面前流下强挤出的眼泪吧？那些烦琐的仪式，只会让他不得安歇。"

子琴张道："那我们就简单地给我们的朋友送个行吧！人死后归于乌有，重入天地间的大化流行，说不定什么时候，我们还会以其他的方式相遇。那时，你或者化为粪壤，成了花朵和万物的一部分；或者变成空气，呼吸之间我们就能相遇。子桑户啊！你卸去了生的重担，谁说你不是在享受快乐呢？"

孟子反道："说得在理，所以我们有什么必要像那些俗人一样捶胸顿足地痛哭呢？"

孔子听到了子桑户的死讯，就叫子贡去助理丧事。到了子桑户的家，子贡看到孟子反在编歌曲，子琴张在弹琴，二人合唱着："哎呀桑户啊！哎呀桑户啊！你已经还归本真了，而我们还在做凡人的事啊！"

子贡赶上去问说："请问对着尸体歌唱，合乎礼仪吗？"

二人望着子贡笑着说："他哪里懂得礼的真意！"

子贡回去以后，把所见到的告诉了孔子，问说："他们是什么人啊，不用礼仪来修饰德行，对着尸体歌唱，仿佛忘却了形骸，脸上毫无悲哀之色，简直无法形容。他们究竟是什么人啊！"

孔子说："他们是游于方域之外的人，而我是游于方域之内的人。方域之外和方域之内彼此不相干，而我竟然叫你去吊唁，这是我的固陋啊！他们正和造物者为友伴，而遨游于天地之间。他们把生命看作是气的凝结，像身上的赘瘤一般，把死亡看作是气的消散，像脓疮溃破了一样，像这样子，又哪里知道死生先后的分别呢！借着不同的原质，聚合而成一个形体；遗忘身体内的肝胆，遗忘身体外的耳目；让生命随着自然而循环变化，安闲无系的神游于尘世之外，逍遥自在于自然的境地。他们又怎能不厌其烦地拘守世俗的礼节、表演给众人观看呢？"

最终，孔子放弃了对子桑户丧礼的干预，子琴张、孟子反两个人欢欢乐乐地送走了他们的朋友。

如上的故事，我们不知道庄子从何处听来，又或者完全就是庄子出自本性的杜撰也未可知。毕竟，庄子太喜欢编造寓言故事了。在他那里，编造一些故事，拿古代的闻达之人，尤其是像孔子这样的礼法之士开涮，让他们在故事中臣服于道家的立场，对其进行讽刺挖苦，实现一种道家对儒家的精神胜利，实在是再开心不过的事情了。当他用这些听上去言之凿凿的故事，拿那些所谓的"宿儒"开涮时，庄子感到了一种由衷的快乐。

但是，庄子在妻子的丧礼上对惠子讲这样的故事，内心没有丝毫调侃的成分，却是多了一份彻骨的悲凉。

对庄子的性格，惠子是了解的。

他知道，故事里的事，根本无从考证。换作其他的场合，庄子可能完全是带着一种玩笑的心态来讲故事的。但是，当庄子在向自己讲述故事时，故事中子琴张、孟子反对待死亡的心态，也还是庄子的玩笑吗？

惠子觉得，似乎不是。

庄　子
生平简表

●◎公元前369年

庄周生于此年前后。

●◎公元前367年（周显王二年）

东周分东、西二小国。

●◎公元前365年

魏伐取宋地仪台。

●◎公元前362年（韩昭侯元年）

魏战胜赵、韩联军于浍北。

●◎公元前361年（秦孝公元年、燕文公元年）

魏在四月徙都大梁，魏惠王和韩昭侯在巫沙相会。

●◎公元前357年

宋攻取韩地黄池，魏攻取韩地朱，魏围攻韩地宅阳，魏惠王和韩昭侯在巫沙相会，解宅阳围。齐立稷下学宫，招致游士，约在此时稍后。

●◎公元前356年（齐威王元年）

秦用卫鞅为左庶长，下变法令。鲁恭侯、宋桓侯、卫成侯、韩昭侯朝见魏惠王。赵成侯和齐威王、宋桓侯在平陆相会，和燕文公在阿相会。

●◎公元前353年

齐救赵攻魏，大败魏军于桂陵；又联合宋、卫进围襄陵。

●◎公元前352年

魏调用韩军打败齐、宋、卫联军于襄陵，齐请楚景舍向魏求和。

●◎公元前344年

魏惠王称王，召集逢泽之会，并率诸侯朝见周天子。庄子与惠施初次见面，当在此年之前。

●◎公元前342年

魏攻韩，战胜于梁、赫。齐救韩伐魏，齐将田忌大败魏军于马陵，魏将庞涓自杀，太子被俘。

●◎公元前341年

惠施此年或稍后至魏，得信于惠王，不久为相。庄子曾往见之。

●◎公元前339年（楚威王元年）

魏在大梁北郭开大沟以通圃田之水。楚威王拟聘庄子为相，当在此年稍后。其间又有庄子谏楚威王伐越之事。

●◎公元前338年

秦孝公死，商鞅被车裂。秦败魏于岸门，俘虏魏将魏错。

●◎公元前337年（秦惠文王元年）

偃嗣为宋君。大约在此后不久，庄子辞去漆园吏。

●◎公元前334年（魏惠王后元元年）

魏惠王采用惠施的策略，和齐威王在徐州相会，尊齐为王，即
所谓"会徐州相王"。庄子见魏惠王当在此年或稍后。

●◎公元前333年

赵围魏地黄，不克。

●◎公元前332年（韩宣惠王元年）

魏献阴晋于秦。齐、魏联合伐赵，赵决河水灌齐、魏军。

● ◎ 公元前330年

秦败魏雕阴，擒魏将龙贾。魏献河西地于秦。

● ◎ 公元前329年

秦攻取魏河东汾阴、皮氏及焦等地。魏攻取楚地陉山。

● ◎ 公元前328年（楚怀王元年）

秦以张仪为相。魏全献上郡十县（包括少梁）于秦。宋君偃自称王。庄子见宋偃王在此时或稍后。

● ◎ 公元前327年

秦更名少梁为夏阳，归还给魏焦、曲沃等地。

● ◎ 公元前325年（赵武灵王元年）

四月戊午秦惠文君自称王。曹商见庄子当在此年或稍后。

●◎公元前324年（秦惠文王更元元年）

魏惠王和齐威王相会于平阿。

●◎公元前323年

楚柱国昭阳攻魏，破襄陵，得八邑。秦派张仪和齐、楚大臣于啮桑会盟。公孙衍发起燕、赵、中山和魏、韩"五国相王"，齐魏会于甄。

●◎公元前322年

魏用张仪的策略，改用张仪为相，把惠施逐走。秦伐取魏曲沃、平相。惠施至楚，楚纳之宋，约在宋三年。庄子与惠施濠梁之辩或在此时。

●◎公元前319年（齐宣王元年）

齐、楚、燕、赵、韩等国支持公孙衍为魏相。惠施回魏。

●◎公元前318年（魏襄王元年）

魏、赵、燕、韩、楚五国合纵攻秦，不胜。惠施使楚。燕王哙将君位禅让给相国子之。

●◎公元前317年

齐联合宋攻魏，败魏于观泽。

●◎公元前315年

燕内乱，将军市被、太子平攻子之。

●◎公元前311年（周赧王元年）

燕子之反攻，杀将军市被、太子平。齐派匡章伐燕，五旬攻下燕国。惠施使赵，请伐齐存燕。赵召燕公子职于韩，派乐池送入燕，立为燕王，即燕昭王。

●◎公元前312年

齐、宋围魏煮枣。秦、魏、韩攻齐至濮水之上，俘声子。胜楚于丹阳，又胜于蓝田，韩、魏攻楚至邓。庄子妻死，庄子与惠施辩人有情无情。

●◎公元前311年（燕昭王元年、韩襄王元年）

———————————

秦樗里疾助魏伐卫。秦伐楚取召陵。庄子与惠施辩五家是非或在此年前后。

●◎公元前310年（秦武王元年）

———————————

惠施死于此年或稍前。自此以后，庄子深瞑不言。

●◎公元前306年（秦昭王元年）

———————————

楚灭越，设郡江东。

●◎公元前304年

———————————

楚主黄棘会盟。

●◎公元前303年

———————————

齐、魏、韩攻楚，楚派太子入质于秦，秦救楚。

●◎公元前302年

魏襄王、韩太子婴入秦朝见。

●◎公元前301年

齐派匡章、魏派公孙喜、韩派暴鸢共攻楚方城，杀楚将唐昧，韩、魏取宛、叶以北地。楚国爆发庄蹻起义。

●◎公元前300年（齐湣王元年）

秦攻楚，拔新城，杀楚将景缺。或谓庄子辞齐湣王之聘在此年。

●◎公元前299年

楚怀王受骗入秦，被秦扣留。孟尝君田文入秦为相。宋王偃置太子为王，即宋元君。庄子过惠施之墓在此年之后。

●◎公元前298年（赵惠文王元年、楚顷襄王元年）

秦取楚析等十多城。赵派楼缓入秦为相，派仇郝入宋为相。孟尝君由秦回齐。齐、韩、魏联军攻秦至函谷关。或谓庄子说赵惠文王、又受聘于楚襄王在此年。

●◎公元前297年

齐、韩、魏联军攻秦。

●◎公元前296年

齐、韩、魏联军攻入秦函谷关，秦求和，归还韩河外及武遂，归还魏河外及封陵。

●◎公元前295年

秦楼缓免相，魏冉为相。

●◎公元前294年

齐用秦五大夫吕礼为相。齐田甲劫王，孟尝君出走。

●◎公元前293年

秦左更白起大胜韩、魏联军于伊阙，斩首二十四万，虏魏将公孙喜。

●◎公元前292年

秦大良造白起攻魏，取垣。

●◎公元前291年

秦白起攻韩，取宛。秦左更司马错攻魏，取轵；攻韩，取邓。

●◎公元前290年

魏献于秦河东地方四百里。韩献于秦武遂地方二百里。

●◎公元前289年

秦攻取魏六十一城。魏昭王入赵朝见，并献阴成、葛孽。

●◎公元前287年

苏秦、李兑约赵、齐、楚、魏、韩五国攻秦，罢于成皋。秦归
还部分赵、魏地求和。秦取魏新桓、曲阳。

秦攻魏河内，魏献安邑给秦。齐灭宋，宋王偃死于魏地温。庄子似有亡国之感，死于此年前后。

中華書局

初版责编　陈　虎